EXTRAIT DES ANNALES DE LA SOCIÉTÉ D'ÉMULATION DES VOSGES.
(Tome X. — II° Cahier, — 1859.)

ESSAI HISTORIQUE

SUR

BEAUFREMONT,

son Château et ses Barons,

PAR J.-CH. CHAPELLIER,

INSTITUTEUR,

Archiviste de la Société d'Émulation des Vosges.

Mon cœur n'a jamais cessé de battre
au souvenir de mon pays natal.

ÉPINAL,
DE L'IMPRIMERIE DE VEUVE GLEY.
—
1860.

ESSAI HISTORIQUE

SUR

BEAUFREMONT,

SON CHATEAU ET SES BARONS,

Par J.-Ch. CHAPELLIER,

INSTITUTEUR,

Archiviste de la Société d'Émulation des Vosges.

Troisième partie.

Après avoir lutté pendant un demi-siècle contre la politique et les armes de la France, la Lorraine, dépeuplée et ruinée, subissait enfin la loi du plus fort. Charles IV n'avait pu opposer qu'une résistance éphémère à l'invasion de 1669. Obligé de quitter une dernière fois sa capitale, il était allé, suivi de quelques sujets fidèles, demander des secours et offrir ses services aux ennemis de la France, gagner encore quelques lauriers sur les champs de bataille, puis rendre le dernier soupir sur la terre étrangère. (18 septembre 1675.)

Pendant ce long règne, qui fut pour notre pays une période de calamités incessantes, quatre mille gentilshommes et cent mille lorrains avaient perdu la vie dans les combats (1), au

(1) Digot, *Histoire de Lorraine*, t. 5, p. 412.

service de leur prince et pour le maintien de leur nationalité. Un grand nombre des anciennes familles s'étaient éteintes : celles qui subsistaient encore avaient vu leurs richesses s'évanouir, et suivre en quelque sorte la progression décroissante de la prospérité publique. La ruine de la haute noblesse avait été tellement complète que, vingt ans plus tard, vers 1695, on comptait à peine deux ou trois familles, et c'étaient les plus opulentes, ayant de 10 à 12 mille livres de rente; moins de quinze autres n'avaient pas plus de 4 à 6 mille livres, et celles qui venaient après en possédaient moins de 4,000 (1).

Qu'on juge, par ces chiffres, de la misère qui devait régner parmi le peuple, et surtout dans la population des villes, tant de fois assiégées, prises et pressurées par les contributions et les autres exigences de la guerre!

L'anéantissement de leur fortune et la ruine de leur château de Beaufremont furent évidemment les causes qui forcèrent les familles de Tornielle et de Lenoncourt à vendre la baronnie de leurs ancêtres.

Nous ne reviendrons pas sur cette vente, mais à partir du jour où elle eut lieu, Beaufremont, bien qu'il restât encore le chef-lieu de l'une des plus considérables hautes-justices du Barrois, perdit l'antique importance que lui avaient donnée ses illustres et puissants seigneurs.

Il nous reste à faire connaître les nouveaux possesseurs de cette terre : nous commençons par les Labbé, acquéreurs de la partie qui avait appartenu aux comtes de Tornielle.

Famille Labbé.

Jean Labbé, le premier de son nom qui ait habité la Lorraine, était originaire du royaume de Bohême, sa famille y était connue sous le nom d'Abte, qui, en allemand, signifie Abbé. Il vint fort jeune en Lorraine, avec le général Schomberg,

---

(1) *Mémoire sur l'état de la Lorraine à la fin du XVIIe siècle*, dans les *Documents sur l'histoire de Lorraine*, 1859, t. 4, p. 72.

et s'attacha, en 1585, au service du grand duc Charles III. Il fut d'abord capitaine de la compagnie de la garnison de Nancy, puis, le 15 septembre 1600, il obtint le titre de lieutenant du gouverneur de la même ville. Le duc Charles III, entre les mains de qui il prêta serment pour cette nouvelle charge, le qualifie de *très-cher et féal* dans le brevet qu'il lui en donna.

Avant l'année 1600, il épousa Jeanne de Martinet, qui lui apporta en mariage la seigneurie de Rouvroy et plusieurs autres fiefs; cependant, comme par la coutume générale de Lorraine, il fallait être de condition noble pour posséder des fiefs dans nos duchés, faute de quoi, on était obligé d'en vider ses mains dans l'an et jour, le procureur général le fit sommer, à la fin de la première année de son mariage, de justifier sa noblesse.

Jean Labbé, dépourvu de titres, éloigné de son pays natal et empêché par les guerres d'y avoir des correspondances, sollicita et obtint, le 16 février 1609, dans des circonstances aussi pressantes, des lettres de noblesse que le duc Henri II lui accorda d'autant plus volontiers, qu'il avait toujours été regardé et considéré comme gentilhomme; ces lettres lui permirent aussi de porter les armoiries dont il avait coutume de se servir, et contiennent encore « qu'il était issu de noblesse du côté maternel » (1).

Mais cet anoblissement récent le réduisait, lui et ses enfants, à la classe des simples anoblis; il avait donc un grand intérêt à recouvrer ses véritables titres et à donner des preuves de l'ancienneté de sa noblesse. Il y travailla activement et parvint à se les procurer, car, en 1616, il fut reconnu gentilhomme, c'est-à-dire noble d'au moins quatre races, et ajourné, en cette qualité, à une assemblée générale des gentilshommes de la province, tous également jaloux de leurs priviléges, et tous également intéressés à ne pas donner

---

(1) *Trésor des chartes de Lorraine*, registre de 1609, f° 60, verso.

légèrement ce titre à un étranger, s'il n'en avait fourni les preuves les plus évidentes.

Les enfants de Jean Labbé furent : François-Henri Labbé, seigneur de Rouvroy; Alix Labbé, qui épousa Jean Floquet, capitaine-lieutenant de l'artillerie de S. A., et Anne Labbé, mariée à Jules Vitelli, gentilhomme italien, capitaine au service du duc Henri II.

François-Henri Labbé, seigneur de Rouvroy, fut fait prévôt de Nancy par lettres expédiées en cette ville le 18 janvier 1613; il épousa Anne Tabouret dont il eut Claude-François Labbé, qui suit, et Jeanne Labbé, épouse de Durand de Silly.

Claude-François Labbé, baron de Beaufremont, vers 1680.

Claude-François Labbé, seigneur de Rouvroy et baron de Beaufremont, après l'acquisition qu'il fit de la moitié de cette terre pendant l'occupation de la Lorraine par Louis XIV, épousa, le 22 avril 1646, Marguerité Diez, originaire de Neufchâteau, fille de Melchior Diez et de Nicole ou Anne Sallet, dame de Coussey, Forcelle, S. Gergonne, La Neuflotte, Liffol-le-Grand et Villouxel (1). Il embrassa la carrière judiciaire, et il était conseiller ou maître des requêtes à la cour souveraine de Lorraine, lorsqu'en 1658, cette cour délibéra d'envoyer en Espagne un député pour solliciter l'élargissement de Charles IV, prisonnier à Tolède. Elle nomma d'abord M. Vincent, mais une maladie ayant empêché ce conseiller de remplir sa mission, elle fit choix de Claude-François Labbé pour le remplacer. Il partit immédiatement pour Madrid. Secondé par un lorrain discret et entreprenant, nommé Seurot, et certainement aussi par Melchior Diez, son beau-père, et par Simon Sallet, oncle de sa femme, il rendit à Charles IV tous les services que ce prince pouvait espérer d'un sujet

(1) *Dictionnaire généalogique de la Chesnaye-des-Bois.*

fidèle. Malgré la plus rigoureuse surveillance, plusieurs fois il parvint à lui faire remettre des lettres importantes et à en recevoir d'utiles pour les négociations dont il s'était chargé. Ce dévouement lui valut la confiance de Charles IV, qui le nomma l'un de ses ministres pour la paix des Pyrénées.

De retour en Lorraine, il continua à jouir de la faveur ducale : des lettres patentes du 9 avril 1664 l'élevèrent à la dignité de Président de la chambre des comptes de Nancy. Vers le même temps, il fut aussi nommé conseiller-secrétaire d'État (1). François de Neufchâteau et Rogéville (2) rapportent plusieurs ordonnances qu'il signa en cette dernière qualité (3). Il exerça ces fonctions jusqu'en 1669. Louis XIV, s'étant alors emparé de Nancy, fit défense le 22 décembre, aux officiers de la cour souveraine et de la chambre des comptes, de s'assembler à l'avenir, et partagea leurs fonctions entre le parlement de Metz et un intendant qu'il établit dans le duché jusqu'au traité de Ryswick.

(1) *Durival*, t. 1er, p. 64 et 65.

(2) *Recueil d'anciennes ordonnances des ducs de Lorraine*, par F. de Neufchâteau, p. 115, 125, 133. *Dictionnaire de Rogéville*, t. 1er, p. 583.

(3) L'une de ces ordonnances, celle du 7 décembre 1664, donnant permission à tous les sujets de Son Altesse de porter armes à feu pour aller à la chasse aux loups et non à d'autres, prouve bien dans quelle triste situation se trouvait alors réduite la Lorraine. On y remarque ces expressions : *Considérant que*. . . « les loups se sont tellement multipliés qu'il n'y a point de villages de nos États qui ne soient incommodés des ravages et des maux que ces animaux causent de toutes parts, ... Nous ordonnons que chaque village nous apportera, par année, au moins une tête de loup, à peine de cinquante francs d'amende contre ceux qui y manqueront... Ordonnons encore de faire rétablir les anciennes loupvières et d'en faire de nouvelles partout où il serait nécessaire, à peine aussi de cinquante francs d'amende. » Cette ordonnance, signée **C. F. Labbé**, porte pour souscription : « Collationnée à l'original par moi, Conseiller-secrétaire d'État, Commandement et Finances de Son Altesse ; auquel la présente copie est conforme de mot à autre.

Signé **C. F. LABBÉ.**

Ce fut sans doute alors que Claude-François Labbé, pensant peut-être que la réunion de la Lorraine à la France serait définitive, demanda ou accepta la charge de Président à la cour des monnaies de Paris, qu'il aurait occupée pendant un certain temps (1). La Chesnaye-des-Bois le qualifie aussi de sur-intendant des postes et messageries de Lorraine et Barrois. Enfin le duc Léopold, ayant été rétabli dans ses états, le fit son garde des sceaux le 30 août 1699. Il mourut en 1700, laissant de son mariage, 1° Charles-François Labbé, baron de Beaufremont; 2° Simon-Melchior Labbé, seigneur puis comte de Coussey; Jeanne Labbé, mariée à Maximilien de Choiseul, marquis de Meuse, premier gentilhomme de S. A. R. Léopold 1er (2).

La haute confiance dont Claude-François Labbé jouit constamment à la cour de Charles IV et de Léopold, nous autorise à dire que, dans toutes les fonctions qu'il exerça, il se montra intègre et dévoué au bien public. Sa fortune, qui lui permit d'acquérir la moitié de la baronnie de Beaufremont, lui venait peut-être moins de ses fonctions que de la succession de son beau-père, Melchior Diez. Ce négociant, habile dans le commerce des dentelles de fil, alors très-actif à Neufchâteau et à Mirecourt, s'était enrichi en faisant ce commerce en Espagne d'abord, puis dans d'autres contrées, et même jusqu'aux Indes où il avait réalisé de grands bénéfices (3).

Nous n'avons aucun renseignement sur l'effet que produisit dans nos villages la substitution de nouveaux seigneurs à ceux dont l'antique domination n'avait pas d'origine connue. Si nous en jugeons aujourd'hui par les souvenirs que la disparition de plusieurs générations n'a pu totalement effacer dans les anciennes familles, cette substitution causa

---

(1) *Mémoire sur l'état de la Lorraine à la fin du XVIIe siècle*, p. 40 et 73.

(2) Léopold était fils de Charles V, duc de Lorraine, et petit-fils du prince Nicolas-François, frère de Charles IV.

(3) *Ibid.*, page 73.

une impression très-pénible ; la séparation fut douloureuse
pour ceux qui avaient connu la bonté et la popularité des
Madruce et des Lenoncourt, la dignité et le caractère généreux
des Tornielle, la main bienfaisante et paternelle des uns et
des autres. Mais ces sentiments avaient-ils alors la liberté
de se manifester assez ouvertement pour qu'il nous en restât
d'autres preuves que celle que nous indiquons ? nous en
doutons. D'ailleurs la population, presque anéantie, plongée
dans l'indigence et le deuil par les dévastations successives
qu'elle avait subies, pouvait-elle souhaiter autre chose qu'une
tranquillité qui lui permît de se livrer librement aux travaux
de la campagne, sa seule ressource ? Cette tranquillité lui
venant avec la suzeraineté de Louis XIV, reconnue de fait
par les d'Alençon et les Labbé, dut être accueillie sans aucune
répugnance ; elle fut même pour les nouveaux seigneurs un
moyen d'obtenir d'abord, sinon l'attachement dont avaient
joui les anciens, du moins quelque chose qui valait mieux
qu'une indifférence marquée. Les reconstructions qu'ils furent
obligés de faire immédiatement, pour rendre habitables les
ruines du château, amenèrent aussi quelque peu d'argent
dans la localité, et les familles y gagnèrent un petit bien-être
qui rendit leur sort plus supportable. Cependant la population
resta peu nombreuse, et, pendant tout le XVIIIe siècle, elle
fut inférieure, à n'en pas douter, à ce qu'elle était avant
l'année 1630.

A partir de l'époque à laquelle nous sommes arrivés, le
régime féodal n'eut plus besoin de forteresses pour s'abriter.
L'administration civile, la plus populaire de toutes, avait
pris définitivement la place de l'ancien régime militaire, et
le bruit des armes ne vint plus troubler le repos de nos
compatriotes avant la révolution de 1789.

Rapportons ici un fait qui prouve jusqu'à quel point
Louis XIV était parvenu à imposer et à faire reconnaître
son autorité dans notre pays. Nous avons déjà eu occasion
de dire, dans la première partie de notre travail, que la
générosité des seigneurs de Beaufremont avait rendu l'abbaye

de l'Étanche, propriétaire à Gendreville de quelques terrains et du droit de nommer le curé de la paroisse. Le 17 octobre 1680, Louis XIV exigeait, *sous peine de commise*, « que toutes les villes et communautés, tous les vassaux » médiats et immédiats, ecclésiastiques ou séculiers des » évêchés, et clergé séculier et régulier des églises de Metz, » Toul et Verdun, engagistes et bien-tenants des domaines » et droits féodaux desdittes églises, » lui fissent *leurs reprises, foy et hommages* de tous les biens et droits qu'ils tenaient en fief ou autrement, de lui ou de ces églises, et qu'ils en donnassent leurs aveux et dénombrements, avec leurs titres de confirmation, investitures et autres (1).

Péronne de Vallerot, alors abbesse de l'Étanche, se soumit à toutes ces exigences le 6 février 1681, et tout en prêtant foi et hommage en la chambre royale établie à Metz, elle déclara tenir dudit roi de France, *son souverain seigneur*, non-seulement l'abbaye, *mouvante de Sa Majesté*, mais encore les maisons, fiefs, seigneuries, droits, rentes, redevances et dépendances de ladite abbaye (2).

Comme ces possessions ne devaient être reconnues qu'après vérification, la chambre royale rechercha si elles n'étaient point contestées, et Pierre Charels, l'un de ses huissiers, fut chargé de faire publier les dénombrements. La pièce suivante constate comment cette formalité fut accomplie à Gendreville :

« L'an mil six cent quatre-vingt et un, je soubsigné sergent en » la justice de Gendreville pour les seigneurs du lieu, certifie qu'en » continuant l'exploit de Pierre Charels, huissier en la chambre » royalle de Metz, j'ay publié les aveux et dénombrements de » l'Abbaye de l'Étanche en ce qui luy apartient à Gendreville, et » ce par trois dimanches, à l'issue des messes paroissiales, de » tout quoy j'ay donné communication au maire et gens de justice

(1) *Recueil d'anciennes ordonnances des ducs de Lorraine*, par François de Neufchâteau, p. 189.

(2) Archives de la Préfecture des Vosges, II. 111.

» dudit Gendreville, à quoy personne ne s'est opposé ; en foy de
» quoy j'ay signé mon présent exploit les ans et jour cy-dessus.

» F. CHAMPAGNE. » (1)

Outre le droit de nomination à la cure de Gendreville,
l'abbaye de l'Étanche possédait sur le territoire de cette
commune un peu plus de trois fauchées (64 ares 32 centiares)
de prés amodiés, en 1711, à Claude Michel, pour la somme
de 14 livres, et, en 1741, à Marguerite Guyot, veuve Dominique Bernard, pour une somme annuelle de 20 livres
de Lorraine (2).

Le gouvernement qui prenait des précautions aussi mi-
nutieuses pour connaître les titres de propriété avait nécessairement d'autres vues que celles qu'inspire une simple
curiosité. Le désir de tirer de sa conquête les plus grands
revenus possibles entrait sûrement dans les plans de Louis XIV;
aussi, pendant sa domination, les Lorrains, malgré l'épui-
puisement où les avaient réduits les guerres, eurent-ils la
douleur de voir plus que doubler les impositions qu'ils payaient
autrefois à leurs ducs légitimes. Nos pères, il est vrai, pro-
fitèrent de la sécurité dont ils jouissaient pour se livrer à la
culture des terres, mais, dans les années d'abondance, la
nécessité de subvenir à leurs lourdes charges les obligeait
à vendre et à livrer à vil prix leurs récoltes, puis, les années
de disette arrivant, le pays se trouvait dépourvu de ressources
et la misère écrasait de nouveau la majeure partie du peuple.
C'est ce qui arriva notamment en 1694. Le prieur de Châtenois écrivant alors au religieux à qui, pendant une
absence, il avait laissé le soin de sa communauté, lui
recommande de faire la charité aux pauvres qui viennent
en grand nombre à la porte du prieuré, et ce à cause de
la grande misère qui existe dans la contrée; mais il ajoute
que « c'est principalement aux pauvres de Châtenois, de

(1) *Ibid.*
(2) *Ibid.*

Longchamp et d'Ollainville que doivent se distribuer les
aumônes (1). » Si ces villages possédant des territoires très-
productifs se trouvaient ainsi dans l'impossibilité de nourrir
leur population, quelle devait être la malheureuse position d'une multitude d'autres n'ayant qu'un sol de rocailles
improductives ?

A l'avènement du duc Léopold, cette triste situation de
notre pays était loin de s'être améliorée. Les Français n'a-
vaient laissé, en se retirant, que ce qu'il leur était
physiquement impossible d'emporter. La population était
tellement amoindrie, que les chemins mêmes se couvraient
d'épines (2). Des inconnus, gens vagabonds et sans aveu,
se disant Égyptiens, marchaient en troupes et, partout où
ils séjournaient, commettaient les plus déplorables excès :
n'ayant d'autre profession que celle de voleurs, ils rançon-
naient les fermes isolées et les villages, en usant de toutes
sortes d'hypocrisies, de ruses, de menaces, de tortures et
de crimes, intimidant les habitants paisibles par leur nombre
et leur audace et les jetant dans des alarmes et des terreurs
continuelles (3).

Les bêtes féroces, les loups, peuplaient les bois et les
campagnes et s'introduisaient jusqu'au centre des villages :
ils étaient devenus tellement nombreux, qu'il fallut rétablir
les anciennes louvières et en construire même de nouvelles
aux avenues de chaque localité (4). Enfin, pour comble
d'infortune, la récolte de 1698 s'annonça bientôt comme devant être presque nulle.

L'excellent prince, qui n'eut jamais d'autre ambition que
celle de rendre ses sujets heureux, chercha immédiatement
à anéantir ou du moins à atténuer autant qu'il lui était

(1) Archives de la préfecture des Vosges, H 55.
(2) Noël, *Mémoire pour servir à l'Histoire de Lorraine*, nº 5, p. 20.
(3 *De la Justice criminelle en Lorraine*, par Dumont, t. 2, p. 4
et suivantes.
(4) *Ordonnances du duc Léopold*, t. 1ᵉʳ, p. 59.

possible toutes ces causes de la misère publique. Par une ordonnance du 5 juillet 1698, il prenait les mesures les plus sévères et les plus efficaces contre le vagabondage, et par un édit du 24 août suivant, il défendait, à peine de 500 fr. d'amende et de confiscation, de transporter les grains hors de ses états.

Le rétablissement de tous les rouages d'une administration vigilante et protectrice ne l'occupait pas moins. Le 31 août, un édit reconstituait la justice sur de nouvelles bases et rétablissait les anciens bailliages. Par cet édit, la baronnie de Beaufremont fit partie, comme autrefois, du bailliage de Saint-Mihiel (Barrois non-mouvant) et de la prévôté de Foug ; elle eut l'avantage d'avoir, à Beaufremont même, un des quatre notaires-garde-notes de cette prévôté (1).

Mentionnons encore une ordonnance du 9 décembre 1698, par laquelle des troupes étaient placées dans différentes villes « pour prêter leur appui aux officiers des lieux, afin d'y contenir les esprits dans l'obéissance, et d'y réprimer au besoin tous les brigandages des gens sans aveu. » Par cette ordonnance, « un brigadier et huit gardes de la compagnie de Beauveau furent envoyés à Neufchâteau et durent recevoir : « sur la prévôté et office du Neufchâteau, y compris Châtenoy, 340 rations ; sur l'office de Châtel 125 ; sur celui de la Mothe et Bourmont 213 ; sur celui de Lamarche 97 ; sur celui de Conflans-en-Bassigny 17 ; sur celui de Châtillon-sur-Saône 15, et sur la baronnie de *Bouffraumont* 28. » (La ration était de 15 livres de foin, 5 livres de paille et un vingtième de resal d'avoine, mesure de Nancy) (2).

Charles-François Labbé, baron de Beaufremont et de Vrécourt.

La baronnie de Beaufremont fut d'abord considérée par les Labbé comme leur plus belle propriété ; ce qui le prouve,

(1) *Recueil des édits, ordonnances, etc., du règne de Léopold,* t. 1er, p. 80, et Dom Calmet dans le supplément à sa *Notice de Lorraine.*
(2) *Ibid.,* t. 1.

c'est qu'elle devint le partage de Charles-François Labbé,
l'aîné de la famille. Il paraît certain aussi qu'il en eut la
possession avant le décès de son père, car on lit dans les
registres de la paroisse de Beaufremont que le 21 février
1690, un fils de Jean Moinel, procureur fiscal en la baronnie,
eut pour parrain « haut et puissant seigneur Charles-François
Labbé, *comte de Boffromont* et pour marraine haute et
puissante dame Jeanne-Marguerite de Choiseul, dame du
St-Empire à Poussay. »

Il épousa, en 1693, Marie-Charlotte de Lavaux, fille de
Charles-Henri de Lavaux (1), baron de Vrécourt, etc., et
de Catherine Lescamoussier, qui lui apporta en mariage une
partie de la baronnie de Vrécourt.

Dans un acte de baptême du 16 août 1701, cette dame
qui, avec son beau père, messire Jean-Claude-François Labbé,
baron de Boffromont (*sic*), tint sur les fonts baptismaux la fille
du prévôt François Marot, est qualifiée de haute et puissante
comtesse de Boffromont.

Citons encore l'acte de baptême de Charles-Antoine, fils
de Joseph Royer, jardinier, dont le parrain fut, le 15 juin
1697, haut et puissant seigneur messire Charles-François
Labbé, chevalier, *conseiller du roi en son parlement de
Metz, comte de Boffromont*, et la marraine haute et puissante damoiselle Antoinette Darnolet, dame de Ticulle (2).

On voit par les trois actes que nous venons de rappeler
que la vanité ou la flatterie avait oublié jusqu'au véritable titre de l'antique seigneurie, ce titre de baron de
Beaufremont, si dignement porté pendant les siècles précédents. On ne serait plus admis aujourd'hui, quoique les
titres nobiliaires fussent devenus purement honorifiques, à
se montrer impunément aussi oublieux. On pouvait se contenter alors, ce nous semble, d'avoir été autorisé à acquérir,
à prix d'argent, l'honneur de porter un nom illustre, mais,

(1) L'ancienne et illustre famille de Lavaux tirait son origine des comtes
de Chiny.
(2) Serait-ce Tilleux?

malgré les qualités qui distinguaient les Labbé, nous ne saurions approuver la complaisance avec laquelle l'un d'eux, jeune encore et au début de sa carrière, prenait ou se laissait donner la qualification de comte, à laquelle il n'avait le droit de prétendre ni par sa naissance ni autrement. Nous devons toutefois reconnaître que Charles-François Labbé ne fut pas le seul dans ce cas.

Devenu l'un des premiers fonctionnaires de la Lorraine, il se montra évidemment plus sérieux, car dans les actes de sa magistrature, il se qualifie simplement Baron de Beaufremont; ajoutons qu'il chercha à se rendre digne de ce titre par de bons et loyaux services rendus à son prince et à son pays.

L'éducation que Claude-François Labbé avait fait donner à ses deux fils les avait préparés à lui succéder dans les importantes fonctions de la magistrature; dès que Léopold eut recouvré la Lorraine, il eut le plaisir de le voir rétablir la chambre des comptes (6 février 1698), mais il n'y accepta évidemment ses anciennes fonctions que pour en favoriser l'accès à son fils aîné, Charles-François, le conseiller du roi au parlement de Metz, qui lui succéda en effet comme président de cette compagnie. Un arrêt qu'elle rendit le 12 mars, portant règlement pour le flottage des bois de la saline de Rosières est encore contresigné C.-F. Labbé, signature habituelle du père, mais d'autres actes de la même année ne portent plus que *Labbé*, sans les initiales des prénoms. A partir de 1699, on trouve constamment « *Labbé de Beaufremont* »; les premières pièces où nous ayons vu cette signature de Charles-François Labbé, sont un édit du 22 janvier 1699 qui oblige les receveurs des villes et bourgs où il y a un siége prévôtal de compter à la chambre des comptes, puis un arrêt du même mois, par lequel cette chambre ordonne que dans six mois tous les vassaux lorrains feront leurs reprises, foi et hommage, et prêteront au duc le serment de fidélité auquel ils sont attenus pour les terres, seigneuries et fiefs possédés par eux.

26

Labbé de Beaufremont fut l'un des commissaires désignés
dans un arrêt du conseil d'état du 10 septembre 1700, pour
l'examen et la vérification des dettes des communautés; dans
l'ordonnance rendue le 1er octobre pour la publication et
l'exécution de cet arrêt, il se nomme lui-même « Charles-
François Labbé, baron de Beaufremont, président de la
chambre des comptes de Lorraine. »

La bibliothèque d'Épinal possède, dans l'un de ses précieux manuscrits, un ordre de séance de MM. les conseillers
d'état du duc de Lorraine, où nous avons retrouvé les noms
de toutes les familles qui possédèrent la terre de Beaufremont
à la fin du XVIIe siècle. Cette pièce historique, des premières
années du règne de Léopold, trouvait naturellement sa
place ici.

Ordre de séance de MM. les conseillers d'état de S. A. R. (1),

S. E. Monsieur le comte de Carlinfort (2).

M. le comte de Couvonges, grand chambellan.

M. le baron de Mahuet, secrétaire d'état, intendant des finances.

M. le marquis de Lenoncourt de Serre, grand-écuyer (3).

M. le Bègue de Chantereine, secrétaire d'état, garde des sceaux.

M. le président Mahuet, premier président en la cour.

M. le marquis de Beauvau, capitaine des gardes.

M. le maréchal de Tornielle, maréchal de Lorraine (4).

M. l'abbé Fournier, grand aumônier, conseiller prélat de la cour.

M. Labbé de Coussey, secrétaire d'état (5).

M. le marquis de Blainville, premier gentilhomme de la chambre.

M. de Gerbéviller, maître des requêtes (6).

M. Barrois, maître des requêtes.

(1) Bibliothèque d'Épinal, manuscrit n° 155.
(2) Mort en 1704.
(3) Antoine de Lenoncourt, comte d'Arberg.
(4) Henri-Hyacinthe de Tornielle, frère de Gaston.
(5) Simon-Melchior Labbé, fils puiné de Charles-François Labbé.
(6) Anne-Joseph de Tornielle.

M. le maréchal de Lambertye, bailly de Nancy.

M. le président de l'Écu, 2ᵉ président de la cour.

M. le président de Serre, ci-devant, 2ᵉ président de la cour.

M. le président de Beaufremont, de la chambre des comptes de Lorraine (1).

M. le comte des Salles.

M. Vignolles, procureur général de la chambre des comptes.

M. Bourcier, procureur général de la cour souveraine.

M. Georges, conseiller de la cour souveraine.

M. le marquis de Trichâteau, gouverneur de S. A. S. le prince François (2).

M. le marquis de Roorté, 1ᵉʳ gentilhomme de la chambre.

M. Dandilly, maître des requêtes.

M. le président d'Alençon, de la chambre des comptes de Bar (3).

M. Sarrasin, maître des requêtes.

M. De Bousmar, doyen de la cour.

M. Rennel de Mehoncourt, auditeur de la chambre des comptes de Lorraine.

M. Olivier, conseiller de la cour.

M. Pilleman, avocat général en la cour.

Cet ordre de séance montre que Charles-François Labbé joignait aux fonctions de président de la chambre des comptes de Lorraine celles de conseiller d'état de Léopold. Son frère, Simon-Melchior Labbé de Coussey, y occupe aussi un rang fort distingué. Il avait été élevé à la dignité de conseiller-secrétaire d'état le 31 août 1698. Dans le règlement de ce jour, donné pour la division des états de S. A. R. en quatre départements ou ministères, attribués à autant de conseillers-secrétaires d'état, le duc Léopol s'exprime ainsi : « le bailliage » de Bar, ceux de Gondrecourt, Bassigny mouvant et non- » mouvant avec les terres mi-parties qui en dépendent, le » Neufchâteau et Châtenoy, tant en ce qui en dépend du

(1) Charles-François Labbé.
(2) Le prince François était le plus jeune des frères de Léopold.
(3) Charles d'Alençon, baron de Beaufremont.

» bailliage de Nancy que celui de Vosge ; la terre de Com-
» mercy, le marquisat de Nomeny, Hombourg, S. Avold, la
» principauté de Lixin, les comtés de Falkeinstein, Bitche,
» Bouquenom et Sarwerden, composeront le 4ᵉ département,
» que nous attribuons à notre très-cher et féal le sieur Simon-
» Melchior Labbé de Coussey, avec la direction des affaires
» du commerce, des manufactures, et le soin de nos haras. »

Si les hommes qui arrivent subitement à une position
élevée ont leurs adulateurs plus ou moins intéressés, ils ont
aussi leurs envieux : les deux frères Labbé eurent certainement les uns et les autres. Les désagréments que pouvaient
leur susciter les derniers, et même un amour propre bien
légitime à une époque où leurs hauts emplois les mettaient
journellement en contact avec la plus ancienne noblesse lorraine, les obligèrent à faire constater, par une reconnaissance
formelle et publique du souverain, leur qualité de gentilshommes, sur laquelle le moindre doute exprimé eût été
humiliant pour eux.

Sur leur demande, le duc Léopold voulut bien nommer
plusieurs commissaires pour l'examen de leurs titres, et
en conséquence de la vérification qui en fut faite, il leur
accorda, en 1712, des lettres patentes entérinées à la chambre
des comptes le 5 janvier 1713. Voici le contenu de ces
lettres :

Déclaration de Gentillesse pour la famille Labbé.

« Léopold, par la grâce de Dieu, etc., à tous présents et à
venir salut. S'il est de la grandeur des souverains d'élever ceux
d'entre leurs sujets qui par leurs services se sont rendus recommandables près d'eux, il est entièrement de leur justice de ne leur
point refuser les déclarations dont ils peuvent avoir besoin, surtout
quand elles regardent des faits qui ont pour fondement les anciens
styles et usages de leurs états ; ainsi ayant égard à ce qui nous
a été humblement remontré par notre très-cher et féal conseiller
d'état et président de notre chambre des comptes de Lorraine,
le sieur Charles-François Labbé, chevalier et baron de Beaufremont

et de Vrécourt, que le sieur Jean Labbé, son trisayeul délaissé
en bas âge, et sorti de pays étranger pour suivre le parti des
armes, ignorant sa condition, demanda en 1609 des lettres d'anoblissement au duc Henry qui les lui accorda d'autant plus volontiers
que, par des preuves d'une valeur constante, il avait depuis longtemps
acquis les droits de noblesse, et lui permit de continuer à porter
les armoiries dont il avait coutume de se servir, ce qui fait
connaître que l'erreur de sa naissance n'avait dû n'y prescrire
n'y éteindre les notions de son origine noble conservée dans la
possession du blason de ses ayeux ; mais que, depuis ledit Jean
Labbé ayant par des découvertes et recherches nouvelles reconnu
qu'induement et au préjudice de sa naissance, il s'était fait anoblir,
il se mit incontinent en devoir de se rétablir dans le droit et
les honneurs de la gentillesse qui lui étaient presque échappés, puisque
es-assises à Nancy, de l'année 1616, ledit sieur Jean Labbé, lieutenant au gouvernement de la même ville, avait été adjourné par
le Sr Malvoisin, reconnu gentilhomme le dix sept janvier 1613, ce
qui n'aurait pu se faire si ledit Jean Labbé n'avait lui-même été
reconnu gentilhomme, puisque par l'article deux, titre deux du style
des assises, il est porté en termes exprès que les adjournements
seront donnés aux gentilhommes par autres gentilhommes, aux
nobles par des nobles, et aux roturiers par des sergents, ce qui
justifie qu'il n'obtint du duc Henry des lettres de noblesse que sur
une erreur de sa condition. Vu l'extrait des dits adjournements et
notre décret du 4 avril 1710 portant nomination de trois experts
pour reconnaître les signatures apposées au bas d'icelles et en
faire rapport et procès verbal de confrontation de la signature
d'icelles pièces à quatre autres signatures du Sr Houat, greffier des
assises, que l'un des experts comme tabellion a représentées, et qui
sont savoir, la première au bas du contrat de mariage ou le dit
Houat a signé comme témoin, la seconde au bas d'un transport
passé par ledit Houat, la troisième au bas de la minute d'un
autre contrat, et la quatrième au bas d'un bail passé par le même
Houat, et par la reconnaissance des experts du vingt mai 1710,
par laquelle les deux signatures dudit Sr Houat, et les deux
paraphes qui se trouvent au bas des deux extraits des causes des

assises en date du vingt-cinq avril 1616, sont faites et formées de la même main que les quatre autres signatures qui se sont trouvées au bas des quatre pièces de comparaison. Nous a très-humblement supplié de vouloir lui en accorder nos lettres de déclaration. Et en conséquence, ordonnons que tant lui que notre très cher et féal conseiller, secrétaire d'état, commandements et finances, le sieur Simon-Melchior Labbé, son frère et leurs descendants, jouiront de tous les priviléges appartenant de droit aux autres gentilhommes de notre duché de Lorraine. A ces causes, et considérant que ledit Jean Labbé, établi en 1600, lieutenant au gouvernement de notre bonne ville de Nancy, par feu notre prédécesseur le duc Charles trois, qui soit en gloire, aurait auparavant ledit établissement, épousé damoiselle Jeanne de Martinet, fille de condition noble, que de leur mariage seraient issus Anne Labbé, mariée à Jules Vitelly, gentilhomme italien et capitaine dans le service des ducs nos prédécesseurs, et François-Henry Labbé, seigneur, de la Rouvroy, capitaine dans le service de Hollande, et depuis prévost de notre dite ville de Nancy, qui eut de damoiselle Anne de Tabouret, son épouse, Jeanne Labbé, mariée au sieur Durand, seigneur de Silly, et Claude-François Labbé, baron de Beaufremont, seigneur de la Rouvroy, de Lixière, de la Neuvelotte, conseiller-secrétaire d'état, garde de nos sceaux et président en notre chambre des comptes de Lorraine, qui épousa en 1646 damoiselle Marguerite Diez, fille du Sr Melchior Diez, seigneur de Forcelle, et de damoiselle Anne Sallet, et que de leur mariage seraient issus Jeanne Labbé, épouse de Maximilian de Choiseul, marquis de Meuse, premier *gentilhomme* de notre chambre; Charles-François Labbé, notre conseiller d'état et président en notre dite chambre des comptes de Lorraine, baron de Beaufremont, seigneur de la Neuvelotte, Rozières, etc., marié en 1693 à Marie-Charlotte, née baronne de la Vaux, et Simon-Melchior Labbé, seigneur de Coussey, l'un de nos conseillers-secrétaires d'état, commandements et finances.

» Lesquels alliances et employs honorables, tant dans l'épée que dans la robe, perpétués dans la maison de Labbé depuis son établissement dans nos états, justifient que son ancienne noblesse ne s'est pas démentie dans le progrès des années, et que le zèle de leur premier auteur, habitué en Lorraine, a été héréditaire à ses descendants ; sur quoi ony en son rapport notre très cher et féal conseiller d'état, maréchal de Lorraine et Barrois, le sieur Louis-Joseph, marquis de Beauveau, par nous commis à l'examen des pièces justificatives des demandes dudit Sr Charles-François Labbé. Nous de l'avis des gens de notre conseil et de notre certaine science, pleine puissance et autorité souveraine, avons dit, déclaré et reconnu, et par ces présentes disons, déclarons et reconnaissons que dès l'année 1616, le sieur Jean Labbé a été adjourné comme gentilhomme, es-assises par d'autres gentilhommes, qu'ainsi il a été reconnu gentilhomme dès le dit temps. Voulons et nous plait que les dits sieurs Charles-François et Simon Melchior Labbé, frères, ensemble leurs descendants nés et à naître en légitime mariage, tenant leur origine du dit Sr Jean Labbé gentilhomme, jouissent de tous les droits, rangs, préséances, et prérogatives dont les autres gentilhommes de notre duché de Lorraine jouissent de droit en leur dites qualités de gentilshommes.

» En foi de quoi nous avons aux dites présentes, signées de notre main et contre signées par l'un de nos conseillers-secrétaires d'état, commandements et finances, fait mettre notre grand scel. Donné en notre ville de Lunéville, le vingt septième jour du mois de may mil sept cent douze, signé :

» LÉOPOLD. »

Nous avons, dans le *Recueil des Édits* des ducs de Lorraine, la preuve que Charles-François Labbé s'acquitta très-activement de ses fonctions de président de la chambre des comptes, cour des aides et des monnaies, jusque vers la fin de 1718, mais à partir de cette année, on n'y retrouve plus d'actes signés par lui. Il eut pour successeur à cette présidence en 1720, Balthasard de Rennel, conseiller d'état (1).

Rentré dans la vie privée, il se livra à l'administration de ses nombreux et riches domaines. Il s'en serait occupé

(1) *Dictionnaire de Rogéville*, t. 1er, p. 159.

sans délai à Beaufremont, car en cette même année 1720, il paraît qu'il fit exécuter d'importantes réparations à la chaussée du grand étang; mais ces travaux ne furent pas effectués sans occasionner de vives réclamations qui parvinrent même jusqu'au pied du trône du duc de Lorraine, car d'après une note qui nous a été transmise de cette commune, « Mgr » Labbé, chevalier, baron de Beaufremont, fut assigné à » comparaître le 19 juin par-devant messire Thiriet, lieu-» tenant général au bailliage de Vosge, commissaire délégué » par Son Altesse Royale Léopold de Lorraine, à l'effet de » répondre à une plainte formée par les habitants de Beau-» fremont, sur l'exhaussement du barrage de l'étang. » Nous ne doutons pas de l'équité qui présida à la décision conciliatrice qui intervint, mais la tradition ne nous a conservé aucun souvenir relativement à cette affaire.

La résistance que venait d'éprouver Charles-François Labbé, de la part des manants de Beaufremont, dut lui faire comprendre que l'on n'était plus au temps où les seigneurs jouissaient de tout, suivant leur volonté ou leur caprice; car les mêmes lois qui protégeaient ses propriétés étendaient aussi leur autorité tutélaire sur celles de ses subordonnés. Ces derniers connaissaient leurs droits et leur véritable souverain, mais ils ne se seraient déjà plus laissé traiter comme des serfs, ni même comme des sujets, par les seigneurs de leur génération.

Pendant toute la durée de sa magistrature, notre Président de la chambre des comptes de Lorraine avait donné un témoignage évident de sa sympathie pour la terre de Beaufremont, en rattachant constamment à son nom celui de cette terre. A la suite de l'affaire qui vient d'être rappelée, il semble qu'il n'y tint plus autant. Nous ignorons s'il l'amoindrit, mais un acte du 25 avril 1722, conservé parmi des papiers de famille, nous ferait croire qu'il ne chercha pas à en augmenter l'importance.

Cet acte, passé par-devant Mes Urguette et Jacquemin, l'un et l'autre notaires en la baronnie de Beaufremont, puis contrôlé à Vrécourt, constate que « Messire Charles-François Labbé, chevalier, baron de Beaufremont et de Vrécourt, vendit, ledit jour, à Jean Jacquin, marchand demeurant à Beaufremont, tous les biens et héritages qui lui avaient été adjugés par décret fait sur Pierre Laroche et Françoise Claude, sa femme, dudit lieu. Le prix de la vente s'éleva à la somme de huit mille francs barrois avec les vins ordinaires et *la coiffe payée comptante.* »

Nous retrouvons une dernière fois ce seigneur désigné comme parrain à Beaufremont, dans un acte de baptême (1) du 5 mai 1724 ; il y est qualifié de « haut et puissant seigneur, chevalier, baron de Beaufremont, Vrécourt et autres lieux ; sa commère en cette circonstance fut sa belle-fille, « haute et puissante Dame Charlotte-Robertine-Joséphine-Alexandrine Du Quesnoy, marquise de Castiau, épouse, nouvellement mariée, de haut et puissant seigneur Messire Claude-Antoine Labbé, chevalier, baron de Beaufremont, de Leloir et autres lieux, capitaine de cavalerie dans le régiment de Nouvoille-Duc (*sic*), pour le service de Sa Majesté très-chrétienne. Comme le seigneur et la dame étaient absents, ils furent représentés, « par procuration, » par le Sr Estienne Michaut, commis des forges (2) dudit seigneur, et par damoiselle Auger Ducros, qui signèrent l'acte.

Outre Claude-Antoine Labbé, leur fils aîné qui vient d'être nommé, Charles-François Labbé et Marie-Charlotte de Lavaux eurent encore, de leur union, un second fils dont nous ignorons le nom, qui embrassa l'état ecclésiastique et fut curé à Liverdun.

Le seigneur dont nous venons d'entretenir nos lecteurs habita-t-il, au moins momentanément, au château de Beaufremont, les appartements qui lui appartenaient ? nous le croyons ; mais après lui, ils semblent avoir été bien négligés ;

(1) L'enfant, qui fut nommée Charlotte, était fille de Jacques-François Bevinger et de Françoise Villemin, son épouse.

(2) Preuve que les forges de Vrécourt existaient déjà.

ils ne furent plus guère que la demeure et, en quelque sorte, la maison de ferme des amodiateurs de la partie de la baronnie possédée par son fils, qui ne s'y réserva qu'un simple logement au 1er étage, encore ce logement était-il meublé de la manière la plus modeste, comme nous le dirons plus loin.

Le quart de siècle qui venait de s'écouler aurait été, pour nos pères, une période heureuse, si la nullité de plusieurs récoltes n'était venue troubler la paix profonde dont ils jouissaient sous le règne du bon duc Léopold.

Au rapport de tous nos historiens, l'année 1709 fut une des plus calamiteuses qu'ait subies la Lorraine. La récolte de 1708 avait été mauvaise; cependant elle paraissait encore suffisante pour conduire, sans trop de privations, à celle de l'année suivante, mais l'espoir que l'on fondait déjà sur celle-ci fut de courte durée. Le rigoureux hiver dont nos vieillards nous ont transmis le souvenir commença la nuit du 5 au 6 janvier; une pluie douce et abondante, produite par un faux dégel, précéda le moment d'une congélation générale qui fit descendre subitement la température à 15° Réaumur et bientôt au-dessous. Le froid devint tellement vif, qu'on entendait à chaque instant les arbres des forêts se fendre avec de bruyants éclats : beaucoup de nos vieux chênes ne sont viciés intérieurement que parce que l'aubier d'alors, atteint par la gelée, ne s'est ni conservé, ni converti en bois parfait. Dans bien des paroisses, on fut obligé d'abréger le service divin pendant lequel le vin gelait dans le calice : il gelait même dans les caves. L'eau que l'on jetait en l'air, déjà gelée lorsqu'elle retombait, résonnait sur la terre comme la grêle. Troupeaux, hôtes des bois, habitants des airs, tout périt. Vers la fin de janvier, il y eut un dégel de quelques jours, mais le froid reparut ensuite avec autant d'intensité qu'auparavant. Le 13 mars, il gelait encore très-fort et la terre était couverte d'une grande quantité de neige et de glace. Lorsqu'au retour du printemps, cette neige et la glace disparurent, on reconnut avec terreur que les semailles d'automne étaient presque complétement détruites; la vigne avait extrêmement souffert ; la plupart des arbres fruitiers étaient gelés et perdus. Inutile d'ajouter que la disette n'avait pas attendu la fin de l'hiver pour venir augmenter la misère du pauvre peuple.

Léopold montra, dans ces tristes circonstances, un cœur de père très-compatissant pour ses sujets : mille précautions furent prises par lui, pour atténuer leurs souffrances. Non-seulement il interdit, sous les peines les plus sévères, l'exportation du blé et des autres céréales, mais, dignement secondé par ses frères puînés, Charles et François, il fit venir d'Allemagne de grandes quantités de grains dont il paya lui-même le dixième du prix et qui furent distribués à un taux réduit, aux pauvres gens. On défendit l'état de pâtissier ; nul ne fut autorisé à manger du pain de froment pur, sinon les malades et les gens de haute distinction. On faisait entrer l'avoine pour deux tiers dans le pain des boulangeries ; il fut expressément défendu de nourrir des pigeons (1). Enfin, le généreux prince, qui s'imposait à lui-même des privations pour fournir à la subsistance de ses peuples, alla jusqu'à solliciter des évêques la permission, pour les lorrains, de faire gras pendant le carême, ce qui fut accordé, mais il interdit en même temps les festins, les banquets, les repas et toute assemblée de ce genre, à peine de 500 francs d'amende, applicables aux pauvres des lieux où serait violée la défense.

Les céréales du printemps réussirent parfaitement, mais la récolte en blé fut presque nulle et occasionna de nouvelles importations de blés d'Allemagne, pour les semailles d'automne. Ces semailles, faites dans d'assez bonnes conditions, réussirent, et l'hiver de 1710 leur ayant été favorable, les populations commencèrent à entrevoir le terme de leurs souffrances qui cessèrent enfin au moment de la récolte de cette année.

(1) Pendant cette disette, comme pendant celles de 1771, de 1795 et de 1817, les habitants pauvres de nos campagnes se nourrirent même de pain fait avec des sons et d'herbes qu'ils recueillaient aux bords des chemins et dans les bois.

La prévoyance de Léopold s'étendant à tout, il fit venir, des pays étrangers, des plants des meilleures espèces de fruits à noyaux et à pépins, qui se multiplièrent ensuite par la greffe et repeuplèrent nos vergers (1).

Cette belle conduite chez un prince suffirait pour rendre sa mémoire impérissable, mais ce n'était point assez pour Léopold d'avoir prouvé à tous ses sujets que leur bien-être lui était cher; il ambitionna encore l'honneur de les affranchir de toute servitude humiliante : dans ce but, il rendit, en août 1711, une ordonnance pour l'abolition du droit de main-morte dans les terres domaniales, et donna la liberté à ses vassaux, en échange d'une minime redevance (2).

Quoique cette redevance fût bien légère, elle occasionna de vives réclamations, mais le duc ne voulant point laisser son ouvrage imparfait, finit par en décharger successivement tous les nouveaux affranchis, acte de générosité bien peu commun, même au XVIII° siècle.

En rapportant cet affranchissement des droits de mainmorte, nous n'oserions affirmer que beaucoup de seigneurs de la Lorraine et du Barrois imitèrent leur souverain. Les baux dressés pour les fermiers des barons de Beaufremont attestent, au contraire, que ces droits subsistèrent dans notre baronnie jusqu'à la révolution, qui les anéantit en même temps que tous les autres priviléges seigneuriaux.

---

(1) *Description de la Lorraine*, par Durival, t. 1ᵉʳ, p. 102. Voir aussi l'histoire publiée par M. Digot, t. 6, p. 56 et suivantes.

(2) Cette redevance, qui devait se payer le 11 novembre de chaque année, consistait en un bichet d'orge et un bichet d'avoine (40 litres) par famille; les veuves et les orphelins qui ne faisaient point de commerce en étaient dispensés. Ce droit de mainmorte consistait principalement à empêcher les habitants de changer de résidence, de disposer de leurs biens, de se marier sans permission à un sujet d'un autre seigneur. Par ce droit, les successions collatérales appartenaient au seigneur qui pouvait les réclamer et s'en emparer, même lorsqu'elles s'ouvraient hors de sa seigneurie. Voir le n° 4 des *Mémoires pour servir à l'histoire de Lorraine*, par M. Noël; texte, p. 95; notes, p. 125 et 127.

Cependant, comme nous l'avons déjà dit, ce n'était plus sans quelque arrière-pensée que nos concitoyens se soumettaient à les toutes exigences plus ou moins onéreuses de la noblesse et même du clergé d'alors. Nous en rapporterons ici un exemple. Il paraît que d'après une ancienne coutume du diocèse de Toul, chaque curé avait le droit d'exiger que les familles de sa paroisse, tenues de porter, chacune à son tour, le pain à bénir à la messe paroissiale du dimanche, fournissent en même temps un cierge qui lui restait après la bénédiction. Soit que ce droit parût peu fondé aux habitants de Beaufremont, ou pour tout autre motif, quelques chefs de famille refusèrent de se conformer à l'usage établi. Messire Des Auberts, alors curé de la paroisse, crut devoir s'en plaindre à l'évêque, Mgr de Camilly, qui lui adressa en réponse l'ordonnance suivante :

« Francois par la grâce de Dieu et de l'authorité du St Siége aposto-
» lique Evecque comte de Toul Prince du St Empire.

» Sur les remontrances à nous faites par le Sr Des Auberts, curé
» de Beaufremont, que suivant les statuts du Diocèse et l'ancien
» usage de l'Eglise observé partout, le pain à bénir doit être pré-
» senté avec un cierge, qui doit le précéder aux messes de paroisse,
» néanmoins quelqu'uns de ses paroissiens refusants de suivre cette
» pratique si sage, à quoi étant nécessaire de remédier, nous
» ordonnons que suivant et conformément à l'usage de l'Église, le
» pain à bénir qu'on présente dans la paroisse de Beaufremont sera
» comme on fait dans les autres paroisses toujours précédé d'un
» cierge qui appartiendra au Sr curé, que ceux qui refuseront de
» le faire ainsi ne seront point reçeu, et que si cela arrive par le fait
» de la communauté, les paroissiens seront privés du pain béni,
» et qu'en cas d'opiniatreté de leur part, ils seront privés du service
» divin, et afin qu'ils n'en n'ignorent, nôtre présente ordonnance
» sera leu au premier prône de ladite paroisse. Donné à Toul ce
» premier maye mil sept cent quinze. »

» ✝ FRANÇOIS Ev. C. De Toul.

« Par Monseigneur :

» BROULIER. »

Nous supposons que la population de Beaufremont, aujourd'hui très-pacifique, se soumit, sans trop de résistance, au désir du premier pasteur du diocèse, mais l'usage n'existe plus; c'est la fabrique qui, de nos jours, fournit le cierge avec lequel le marguillier va au devant de la petite fille qui apporte le pain à bénir; seulement, ce pain est surmonté d'une pièce de dix ou de vingt centimes, offrande volontaire qui a remplacé la coutume un peu féodale d'autrefois.

Des intérêts plus considérables, quoique du même genre, occupaient, à la même époque, les religieux du prieuré de Deuilly, établis à Morizécourt, décimateurs pour les deux tiers à Médonville, et M. Marchal, curé de la paroisse, décimateur pour l'autre tiers et les menues dîmes. Outre leurs amodiateurs, les religieux avaient encore dans le lieu, pour leur seigneurie dite de St-Èvre, leurs officiers de basse justice, maire, greffier et sergent, tous gens intéressés à faire valoir les droits du couvent minutieusement constatés par des enquêtes faites de temps à autre. Le curé prenait lui-même de non moins sérieuses précautions pour ne rien perdre de ses droits anciens ou nouvellement acquis. Les seigneurs de Beaufremont et les habitants avaient enfin leurs priviléges ou leurs libertés à soutenir. Plusieurs fois des contestations s'élevèrent entre les partis et ne finirent même qu'à la suite de procès, comme le constatent diverses pièces qui existent aux archives de la préfecture des Vosges. Obligé de nous restreindre, nous donnerons seulement l'analyse de deux de ces pièces. Par la première, du 10 septembre 1712, les Srs Claude Perru et Florentin Perru, amodiateurs pour les bénédictins de Deuilly, déclaraient avoir, depuis plus de cinquante ans, perçu les deux tiers des grosses dîmes, et depuis quarante-cinq ans, les deux tiers des menues dîmes sur le finage de Médonville, 1° des fruits des jardins fruitiers et des chanvres ou autres grains quelconques ensemencés dans lesdits jardins, sans en excepter un seul; 2° des grains, chanvres, etc., venus dans les masures et jardins potagers, et ce sans exception; 3° dans toutes les vignes mises en nature de terre ; ce qui était attesté, pour le 1er et le 3e article, par le sieur Christophe, paulier depuis dix ans, dans ledit lieu de Médonville.

Par la seconde, M. Marchal, qui désirait faire agrandir l'église et bien connaître ses prérogatives et ses obligations en sa double qualité de décimateur et de curé, soumettait au conseil des avocats Chardin, Petitdier et Marcol, de Nancy, un mémoire détaillé pour savoir, 1.º si les deux décimateurs étaient tenus à agrandir la nef de l'église, chacun à proportion de sa part dans les dîmes; ou si le curé, la trouvant insuffisante pour contenir ses paroissiens (1), avait le droit de contraindre les autres décimateurs à la totalité de la dépense pour les murs et la toiture. Il faisait cependant remarquer, probablement par une consciencieuse délicatesse, que le chœur fort court et fort étroit, n'était point le tiers de la nef, et que ne pouvant y placer son lutrin, il était obligé de le mettre sous la tour attenante audit chœur; 2º si l'on entendait par le portail à la charge des paroissiens, la porte et la muraille entière ou pignon de l'entrée de l'église, depuis les fondements inclusivement jusqu'à la toiture, ou simplement la porte en pierre de taille, et si la tour, étant au milieu de l'église, restait aussi à la charge desdits paroissiens; 3º si lui, curé, devait payer la dîme de ses brebis et moutons ainsi que d'autres menues dîmes et les dîmes des terres de la fabrique ou de fondations; 4º enfin si, dans la saison des avoines, des particuliers ayant semé un mélange d'avoine et de pois, les pois rapportant plus que l'avoine et étant menue dîme, il n'avait pas droit de réclamer, comme menue dîme, la dîme de ces récoltes.

Voici la curieuse appréciation qui intervint et pour laquelle chacun des avocats consultés reçut cinq livres :

(1) Preuve que sous le règne de Léopold, cette population avait singulièrement prospéré.

« Le Conseil soussigné consulté sur le mémoire ci-dessus, estime :

» Sur la première question : que le curé, n'étant attenu de droit qu'à la réparation ou réédification du chœur, ne peut être obligé à contribuer à l'agrandissement, ni à aucunes réparations de la neffe ; que s'il s'agissait d'agrandir, ou de réparer le chœur, il y serait attenu seul, mais que tandis qu'il ne sera question de faire aucune construction ou réparation dans le chœur, on ne peut le charger de rien, et par conséquent, l'agrandissement de la neffe doit être à la charge des autres décimateurs.

» Sur la seconde, que les statuts synodaux chargeant les paroissiens de la tour et du portail indistinctement, ceux-cy sont par conséquent obligez à réparer la tour dans quel endroit de l'église elle puisse être scituée ; et qu'à l'égard du portail, on n'entend pas seulement la porte d'entrée, mais encore tout le mur qui est nécessaire pour soutenir cette même porte, depuis les fondements jusqu'à la toiture : le tout à moins qu'il n'y ayt titre ou usages contraires.

» Sur la troisième, que le curé est obligé de payer la dixme de ses brebis et moutons, sauf la part qui lui appartient dans cette même dixme, qu'il doit aussy payer celle des terres qu'il tient de la fabrique ou de fondation, n'y ayant que celles de l'ancien domaine ou bouvrot de son église qui soient exemptes de payer la dixme, le tout aussy à moins qu'il n'y ayt titre ou usages contraires.

» Sur la quatrième, qu'à l'égard des avoines, la dixme en doit être payée aux gros décimateurs, et qu'en ce qui touche celle des pois, elle doit appartenir à celui ou ceux qui ont les menues dixmes, nonobstant que ces pois se trouvent meslez dans des champs destinez à produire de gros fruits décimables ; autre chose serait si des laboureurs, par exemple, affectaient de semer ou planter des légumes ou autres fruits sujets à la menue dixme dans une partie considérable du ban ; en ce cas, les gros décimateurs pourraient se plaindre du dérangement des saisons et de cette affectation frauduleuse, mais au cas présent, il paraît qu'il ne s'agit que d'une légère quantité de terres qui par conséquent n'est d'aucune considération.

» Et sur ce que, dans le cas dont il s'agit, les habitants sèment tout ensemble l'avoine et les pois et les recueillent de la même manière, sans les séparer, en sorte que l'on ne peut plus distinguer ces deux sortes de dixmes, le conseil estime : que dans ce cas, l'on doit partager cette sorte de dixme en deux, dont la moitié appartient aux gros décimateurs, et l'autre aux menus décimateurs, nonobstant même que l'on puisse dire que la graine des pois l'emporte sur l'avoine, par l'impossibilité qu'il y aurait de les séparer, et que d'ailleurs le gros décimateur doit être traité favorablement, d'autant plus que ces grains sont perçus sur des terres destinées ordinairement à porter des fruits sujets à la grosse dixme.

» Délibéré à Nancy le 25 novembre 1724.

» Signé : CHARDIN, PETITDIDIER, MARCOL. »

En visitant l'église de Médonville, il est facile de distinguer plusieurs réparations successives du chœur, de la tour et de la nef. Il est regrettable que chacune de ces inintelligentes réparations soit venue comme renchérir sur la précédente pour dégrader un monument dont la construction primitive eut tous les caractères du roman le plus beau et le plus riche. La dernière qui fut peut-être l'agrandissement de la nef, dont il est ici question, ne coûta pas de grands efforts de talent à l'architecte, car, faite en moellons du plus petit appareil, elle peut passer pour l'œuvre du plus simple maçon. Nous faisons des vœux pour que ce qui reste de l'ancien édifice, et qui le rendra toujours digne d'intérêt, échappe longtemps encore aux mains de semblables restaurateurs.

Quant aux dîmes, question devenue historique, nous n'avons saisi l'occasion d'en parler que pour conserver quelques souvenirs de ce qu'était autrefois ce tribut prélevé sur les récoltes des habitants de nos campagnes.

On remarquera comme nous, que dans les pièces qui viennent d'être rapportées, il n'est fait aucune mention de la pomme de terre, introduite dans les environs de Saint-Dié vers le milieu du XVIIe siècle. Elle fut peu connue dans notre baronnie avant la disette de 1709 ; nous pouvons même dire que ce n'est que depuis d'autres disettes, de triste mémoire, celle de 1771 et celle de 1817, qu'elle prit dans nos cultures la place importante qu'elle y occupe actuellement.

27

Une déclaration du 6 mars 1719 avait cependant autorisé et réglé, en Lorraine, le prélèvement de la dîme de ce précieux tubercule, mais avec une restriction qui défendait aux décimateurs et à leurs fermiers de compter ce que les propriétaires auraient été obligés d'en arracher pour le défruit journalier de leurs familles avant la récolte générale (1).

Les étés de 1719 à 1723 furent remarquables par des sécheresses qui brûlaient et rendaient arides les prairies et les pâturages ; pour atténuer autant que possible l'effet de ces sécheresses, le duc Léopold rendit plusieurs ordonnances par lesquelles il accordait la permission de faire des regains dans certaines parties des prairies, déterminées par les officiers des seigneurs de concert avec les habitants des communautés, à la condition d'en laisser un tiers aux seigneurs ou à leurs amodiateurs et les deux autres tiers aux communautés, pour être partagés à leurs habitants en proportion de leurs chevaux, bœufs et vaches (2). En mars 1720, il autorisait de plus, dans les bois au-dessus de 6 ans et pour la même raison, la vaine pâture jusqu'au 30 juin, et en juin 1723, jusqu'au 1er septembre, nouveaux témoignages de la paternelle vigilance de cet excellent prince en faveur de ses sujets.

Claude-Antoine Labbé, baron de Beaufremont et de Vrécourt, comte de Morvilliers.

Charles-François Labbé avait encore pu jouir du plaisir de présider à l'union de son fils avec une héritière fortunée, qui apportait à sa lignée une nouvelle illustration, mais ce fut la dernière fête de famille à laquelle il prit part. Sur la fin de 1724, il avait cessé d'exister, et la seigneurie de Beaufremont comptait un baron de plus.

Claude-Antoine Labbé hérita alors en effet de ce titre ; cependant il ne devait pas longtemps s'en contenter.

(1) *Recueil des Édits*, etc., *du règne de Léopold*, t. 2, p. 247.
(2) *Ibid.*, pages 274, 277, 517, 635, 639 et 644.

Il était capitaine de cavalerie au service du roi de France, dans le régiment de Noailles-Duc, et, par sa jeune épouse, Charlotte-Robertine-Joséphine-Alexandrine du Quesnoy, dame de Colinquamp, Courcelles, etc., d'une ancienne famille flamande, il était devenu comte de le Loir, marquis de Castiau, baron de Sailly-aux-Bois. Tant de titres étrangers à son pays natal, joints à ceux qu'il possédait de son propre chef, rendaient bien légitime la demande qu'il adressa au duc de Lorraine pour l'érection en comté de l'une de ses terres du Barrois. Cette érection eut lieu en sa faveur, d'abord pour la baronnie de Vrécourt, le 12 avril 1725, mais comme cette baronnie ne lui appartenait pas en totalité, il en résulta sans doute des difficultés, et les lettres-patentes qu'il avait obtenues furent annulées par un arrêt du conseil ducal. Quelques mois plus tard, le 24 septembre 1725, Léopold le créait comte de Morvilliers en donnant ce nom au bourg de Liffol-le-Grand, qui devint le chef-lieu du nouveau comté.

Voici les lettres-patentes délivrées par le duc en cette circonstance :

Érection de Liffol-le-Grand en comté en faveur de Claude-Antoine Labbé, baron de Beaufremont.

Léopold, etc., à tous présents et à venir salut :

Notre cher et féal le Sr Claude-Antoine Labbé, baron de Beaufremont, comte de Loir, marquis de Castiau, capitaine de cavalerie au régiment de Noailles-Duc, pour le service du roy, etc., nous a très-humblement fait remontrer que l'avantage qu'il a d'être né notre sujet et l'inclination qu'il a toujours eue de pouvoir mériter l'honneur d'entrer en notre service à l'exemple de Jean Labbé, son trisayeul qui vint s'établir en Lorraine, sous le duc Charles III, où il fut honoré de la charge de lieutenant au gouvernement de notre bonne ville de Nancy, reconnu dès ce temps pour être sorty d'une famille assez ancienne pour être considéré gentilhomme, et en cette qualité, convoqué aux assises de l'ancienne chevalerie

de Lorraine, ainsi qu'il est porté par nos lettres-patentes de reconnaissance de gentillesse du 27 may 1712, enthérinées en notre
cour souveraine et chambre des comptes de Lorraine, à l'exemple
encore de ses autres ayeux, de son père et de ses oncles et parents
qui ont possédé et dont aucuns possèdent encore les emplois les
plus distingués de nos états, tant dans l'épée que dans la robe,
l'ont porté à prendre de l'employ en France pendant les dernières
guerres, pour se mettre en état de mériter un jour quelqu'emploi
dans notre service, ce qui le détermine à vendre incessamment
les terres titrées qu'il possède en Flandre, pour en remplacer le
prix en autres biens dans nos états, ce qu'il ne pourra faire en terres
de pareille nature et qualité, qui ne se vendent que rarement et à
grand prix ; que comme il possède en haute, moyenne et basse justice,
sans part d'autrui, les terres et seigneuries de Lifol-le-Grand et
Vilouxel, les fiefs et fourneaux par nous créés et érigés auxdits lieux,
les hautes, moyennes et basses justices des bois de Bohême et d'Artamboucher, que nous avons ci-devant unis et incorporés à la part
qu'il possède en la baronnie de Vrécourt, la haute, moyenne et
basse justice de Morvilliers et des villages de Blevaincourt, Rozières
et Senaide, pour ce qu'il y possède, desquels biens fiefs il dépend
plusieurs maisons, usines, bois, rivières, ruisseaux, terres, prés,
héritages et droits qui sont d'un revenu assez considérable pour en
être formé un fief de dignité, si notre bon plaisir était de désunir
les dites terres et seigneuries de Lifol-le-Grand, Vilouxel, les
fiefs et fourneaux situés aux dits lieux, les hautes et basses justices
des bois de Bohême et d'Artamboucher, de la baronnie qu'il a
audit lieu de Vrécourt, de supprimer le nom de Lifol-le-Grand
et de lui donner celui de ladite seigneurie de Morvilliers, qui n'a
point de village de ce nom ; d'unir ensuite le tout desdits biens
qui sont du bailliage de Saint-Thiébaut, en un seul et même corps
de fief indivisible, et de l'ériger en titre et qualité de comté sous
le nom et qualification de comté de Morvilliers, dont le village
dudit Lifol-le-Grand, portera le nom et sera le chef-lieu, où
il pourra établir une prévoté composée d'un prévost, chef de police
et gruyer, d'un procureur d'office, d'un greffier et d'un ou plusieurs sergents, lequel prévost connaîtra en première instance de

toutes actions réelles, personnelles, mixtes, criminelles, de police et gruriales entre les sujets dépendants dudit comté, sauf l'appel comme d'ancienneté et sans aucune mutation de juridiction à cet égard, et d'attribuer au surplus audit comté tous les honneurs, rangs, prééminences et prérogatives, qui de droit appartiennent aux terres de pareille nature et qualité; nous suppliant très-humblement de lui en faire expédier nos lettres à ce nécessaires, etc. Voulant donner audit Sr baron de Beaufremont des marques de notre bienveillance, du souvenir que nous avons des services qui nous ont été rendus et aux ducs nos prédécesseurs, par ses auteurs et parents, et de l'estime que nous faisons de son mérite personnel; à ces causes et autres bonnes considérations, à ce nous mouvant, de notre grâce spéciale, pleine puissance et autorité souveraine, nous avons désunis et désunissons de la part qui appartient audit baron de Beaufremont, en la baronnie de Vrécourt, les terres et seigneuries, hautes, moyennes et basses justices de Lifol-le-Grand et Vilouxel, fiefs, fourneaux érigés audit lieu, rentes et droits en dépendants, et les hautes, moyennes et basses justices des bois de Bohême et d'Artamboucher, tous lesquels biens nous avons unis et incorporés, unissons et incorporons à ladite terre et seigneurie de Lifol-le-Grand, ensemble la haute, moyenne et basse justice de Morvilliers, les villages de Blevaincourt, Rozières et Senaide, pour les parts et portions qui en appartiennent audit baron de Beaufremont, et tous les biens, maisons, usines, bois, rivières, ruisseaux, terres, prés, héritages et droits dépendants desdits lieux, pour le tout ne faire et composer à l'avenir qu'un seul et même corps de fief, auquel il pourra, comme nous le lui permettons, de même qu'à ses hoirs et ayant cause, possesseurs d'icelui, unir et incorporer ci-après tous les autres biens fiefs qu'ils pourront acquester dans le même ressort et juridiction, par la seule déclaration qui en sera faite dans les contrats d'acquisition, sans qu'il soit besoin d'autres lettres d'union que les présentes; avons supprimé et supprimons le nom du village de Lifol-le-Grand qui s'appellera désormais, tant en jugement que dehors, Morvilliers; lequel fief ainsi uni, nous avons créé, érigé, élevé et illustré, créons, érigeons, élevons et illustrons en nom, titre, rang et prééminence de comté, sous le nom et qualification de comté de Morvilliers, dont le village de ce nom sera le chef-lieu, auquel nous avons attribué et attribuons les honneurs, droits, rangs, priviléges, prééminences et prérogatives qui de droit appartiennent aux terres de cette nature et qualité érigées dans nos états, par nous ou par nos prédécesseurs ducs ; voulons que les possesseurs dudit comté puissent se nommer et qualifier comtes de Morvilliers, partout, en jugement et dehors, et qu'ils aient rang et séance convenables tant en fait de guerre, assemblée de noblesse qu'autrement, ainsi que de droit appartient, lequel comté aura les armes telles qu'elles sont ci-après figurées et blasonnées, savoir : écartelées au premier et quatrième d'azur, à la croix azurée d'argent ; au deuxième et troisième, de gueulles à la bande d'argent chargée d'une rose, de gueulles en cœur et cotroyées de deux roses d'argent, et sur le tout de gueulles à deux bourdons d'or mis au sautoir, l'écu orné et surmonté d'une couronne de comte, et pour cimier, deux lyons rampants au naturel ; avons permis et permettons audit comte de Morvilliers, d'établir dès à présent et pour toujours au village de ce nom une prévoté qui sera composée d'un prévost chef de police et gruyer, d'un procureur d'office, d'un greffier, d'un ou plusieurs sergents, lequel prévost connaîtra en première instance de toutes actions réelles, personnelles, mixtes, criminelles, de police et gruriales entre tous les habitants, et sur tous les biens et bois dépendants dudit comté, sans cependant aucun changement, ni mutation de ressort, ni de juridiction dans les cas d'appel, de faire ériger en tel endroit dudit comté qu'il trouvera le plus convenable un signe patibulaire sur quatre pilliers, à charge par les possesseurs dudit comté de nous faire, et à nos successeurs ducs, les reprises, foi, hommages et serments de fidélité à chaque mutation, de donner et fournir avœux et dénombrements des biens, terres, seigneuries et droits qui le composent, et le tout sans préjudice à la réversibilité, le cas échéant, à notre domaine. Si, donnons en mandement à nos chers et féaux les présidents, conseillers, maîtres auditeurs et gens tenant notre chambre des comtes de Bar, bailly, lieutenant général, conseiller et gens tenant notre bailliage de Bassigny, siége de Saint-Thiébaut, et à tous autres qu'il appartiendra, que du contenu es présentes et de tous leurs effets, ils aient chacun d'eux en droit soi, fassent, souffrent et laissent jouir ledit baron de Beaufremont, ses hoirs et ayant cause, pleinement, paisiblement et perpétuellement, cessant et faisant cesser tout trouble et empêchement contraire. Car tel est notre bon plaisir ; et afin que ce soit chose ferme et stable à toujours, nous avons les présentes signées de notre main et fait sceller de notre grand scel. Donné à Lunéville, le vingt-un novembre mil sept cent vingt-cinq.

» Signé : LÉOPOLD. »

Nous avons déjà cité, à la date de 1724, un acte de baptême des registres de Beaufremont où la marraine fut l'épouse de Claude-Antoine Labbé ; ces registres en rapportent encore un autre du 27 octobre 1733, où la haute et puissante dame est qualifiée comtesse de Morvilliers, baronne de Beaufremont, etc., née marquise de Castiau.

De 1736 à 1740, les comtes de Morvilliers et d'Alençon, co-possesseurs de la baronnie de Beaufremont, eurent entre eux un procès qui fut jugé à Saint-Mihiel. Nous pensons, après avoir examiné quelques feuilles de ce procès, qui nous ont été remises, qu'il eut lieu au sujet de l'exercice de quelques droits honorifiques ou lucratifs des deux seigneurs, et à la suite de jugements contestés rendus par les officiers de leurs justices particulières. Il s'agit même d'un bail où se trouve compris le moulin de l'Étanchotte qui, à cette époque, n'aurait eu ni écuries, ni logements « convenables pour loger chevaux, voitures et fourrages. »

Un contrat sur parchemin, du 16 novembre 1744, passé à Beaufremont, par-devant François-Georges Urguette, lieutenant des chasses du roi, procureur d'office, tabellion, garde notte et des sceaux en la baronnie, nous fait connaître que les seigneurs du lieu laissaient quelquefois à leurs manants, à simple titre d'ascencement, certaines parties de leurs domaines.

Par ce contrat, le sieur Charles-François Moinel, avocat à la cour, prévôt de Beaufremont, en sa qualité de fondé de pouvoir de *Monsieur* le comte de Morvilliers, baron dudit Beaufremont, confesse avoir laissé à titre de cens, à Florentin Thouvenel, manœuvre à Lemmecourt, acceptant pour lui, Anne Lenfant sa femme, leurs hoirs, etc., une place masure, construite actuellement en bâtiment par ledit Thouvenel, et le fond étant et appartenant audit seigneur, situé à Lemmecourt, derrière l'église, jardin potager derrière, joignant Florentin Deslin d'une part et ledit seigneur comte de Morvilliers d'autre, Cet abandon fut fait moyennant un chapon de cens et six deniers payables à Noël de chaque année. En cas de négligence (pour le paiement du cens), la maison et le jardin devaient retourner au domaine.

L'acte fait en présence de Pierre Guyot, greffier, et de Joseph Mailliard, sergent, demeurant à Beaufremont, est scellé du sceau du tabellionage de la baronnie dudit lieu. Ce sceau appliqué sur une bande de papier recouvrant une espèce de pâte grenue, est un écusson aux armes du comte de Morvilliers; au centre se voit un autre petit écu avec les vairs des armes de Beaufremont. L'écusson est surmonté d'une couronne de comte et est entouré d'une légende qu'on ne peut plus lire, mais qui doit être : SEAV DE BEAVFREMONT.

La vie militaire de Claude-Antoine Labbé nous est complétement inconnue : il est à présumer cependant qu'elle nous eût offert de curieux épisodes, surtout si, comme on doit le supposer, il suivit son régiment et le maréchal duc de Noailles dans les guerres dites de la succession, où la France eut à lutter à la fois contre l'Angleterre et la majeure partie de l'Allemagne.

Rentré dans la vie privée, le comte de Morvilliers habita, avec sa famille, le château de Vrécourt. Le dernier acte que nous connaissions de ce seigneur est un bail à ferme de tous les droits qu'il possédait à Beaufremont, Lemmecourt, Aulnois et Roncourt.

Par cet acte, du 25 juin 1763, passé devant les notaires royaux héréditaires établis au bailliage royal du Bassigny,

séant à Bourmont, Élophe Perru, marchand demeurant à
Beaufremont, reconnaît et déclare retenir à titre de bail et
amodiation, pour neuf années à partir de la Saint-Georges
1764, de haut et puissant seigneur messire Claude-Antoine
Labbé, chevalier, seigneur, comte de Morvilliers, baron de
Beaufremont et de Vrécourt, seigneur de Rosières et autres
lieux, demeurant audit Vrécourt, tous les droits dépendants
de Beaufremont, Aulnois, Lemmecourt et Roncourt, pour ce
qui en appartient audit seigneur, consistant dans le château,
basse-cour, écuries, jardins potagers et vergers, vignes, colombier, étang, breuils ; tuillerie pour moitié ; moulin (de
l'Étanchotte), moulages ; logement de vigneron et de berger ;
hautes et basses amendes ; droit de forfuyance et de formariage
(se réservant ledit seigneur le droit de deshérence et de succéder aux absents par le droit de représentation) ; avec
jouissance de la taille à volonté ; corvées de bras et de charrues ;
du droit de porter le fusil et d'aller personnellement à *l'effût*
dans les temps non prohibés par les ordonnances ; des amendes
de gruerie (à la réserve de celles qui viendraient des bois
du seigneur) ; de la dîme de Beaufremont et de Roncourt
pour la part qui en revient audit seigneur, de tous les cens,
droits seigneuriaux et redevances appartenant à ce même
seigneur ; du droit de troupeau à part ; de la franchise, tant
qu'il plaira au souverain de l'accorder ; des poules et chapons
tant de cens que de bourgeoisie, à Beaufremont, Aulnois et
Lemmecourt ; du poisson des étangs, à la charge de les *el-*
leviner pour la fin du bail, comme ils le sont au commencement ; de la coupe de deux arpents de bois pour chaque
année du bail, tels qu'ils seront marqués et délivrés par les
officiers du seigneur, avec des chênes en suffisance pour
faire des *pesseaux* reconnus nécessaires aux vignes ; du
droit d'établir des forestiers-garde de chasse, et de les faire
recevoir suivant les ordonnances ; avec jouissance aussi des
tiers deniers, épaves et confiscations ; à charge cependant
de poursuivre à ses frais les procès criminels jusqu'à exécution de l'arrêt inclusivement, et les affaires civiles jusqu'à

sentence du bailliage, mais sans pouvoir faire aucun procès, pour quelle cause que ce soit, avant d'en avoir averti le seigneur et d'avoir obtenu son consentement. La jouissance enfin de la marcarerie de Beaufremont, située sur la chaussée du grand étang et composée de dix-sept vaches et un taureau, abandonnés par le seigneur audit preneur, pour être remplacés à la fin du bail par une égale quantité de bétail.

Ce bail était consenti de la part du comte de Morvilliers, baron de Beaufremont, moyennant le prix annuel, à la charge d'Élophe Perru, de 3,100 livres, cours de Lorraine, 50 livres de beurre, autant de fromage, un voyage, avec ses chevaux et sa voiture, de Vrécourt à Nancy, quatre voyages semblables de Beaufremont à Vrécourt, cent carpes chaque année de pêche, et les réparations locatives, sans qu'il lui fût permis, en aucune façon, de *dessaisonner* les terres ou les chenevières avant d'en avoir obtenu une permission expresse du seigneur laisseur.

Une réserve était faite aussi à l'égard des *noveaux* (1) de l'étang, pour lesquels le curé était en procès avec les seigneurs; il était convenu que si le baron gagnait le procès, le preneur jouirait desdits noveaux et paierait cent francs de plus par année.

Ces conventions ayant été agréées et signées de part et d'autre, Élophe Perru, avant d'entrer en possession de ce qui constituait la ferme qu'il venait de prendre à bail, demanda une visite des bâtiments et de leur mobilier, conjointement avec Charles-François Moinel, avocat à la cour, prévôt et amodiateur sortant de M. le comte de Morvilliers. Cette visite, du 16 avril 1764, fut faite par Joseph Berret, de Beaufremont, expert de Moinel, et Florentin Renaux, maître

(1) Noval : dîme que l'on tirait d'une terre ou d'un bois essarté depuis peu. Le noval était aussi un champ inculte de temps immémorial et mis récemment en état de porter du blé. Ici il s'agissait des terrains de l'étang que l'on desséchait tous les trois ans, ou seulement de terres que l'eau ne baignait plus et que l'on avait rendues à la culture..

charpentier à Médonville, expert de Perru. Le notaire Urguette,
écuyer, procureur d'office en la baronnie de Beaufremont,
avait préalablement reçu le serment par lequel les deux experts s'engageaient à bien et fidèlement remplir leur devoir.

En parcourant le procès-verbal de cette visite, où sont in-
diquées les réparations à faire par le seigneur et par l'a-
modiateur sortant, on voit avec peine l'état de délabrement
où se trouvait, dans l'enceinte de l'antique forteresse de
Beaufremont, l'ancien château des comtes de Tornielle. Des
caves à la toiture, tout annonçait l'abandon, la vétusté, tout
avait subi l'influence destructive des guerres, du temps et
des éléments. L'œil ne pouvait s'arrêter nulle part sans être
attristé par des dégradations : ici c'étaient des murs lézardés
ou écroulés, là un four effondré, ailleurs des cheminées em-
portées par les ouragans, des chambres inhabitables, des
greniers dépourvus de planchers ou des planchers déjoints
et pourris; partout des portes à moitié détachées ou même privées
de leurs ferrements; des vitres cassées, fracassées par les
orages, avec des chassis pourris et des volets mutilés (quelques-uns liés avec des cordes); enfin, dans l'intérieur, de
vieux meubles, la plupart vermoulus et tombant en poussière.
A peine existait-il, dans toute cette vieille demeure féodale,
un logement convenable pour le fermier le moins exigeant.

Et cependant, notre procès-verbal de visite constate que
des constructions nombreuses et bien établies en avaient fait
autrefois une habitation aussi commode que spacieuse.

Le château, proprement dit, était situé à droite en entrant
par le prolongement du chemin de la Montagne. Après
avoir traversé le pont-levis, on pénétrait dans la cour intérieure par un porche, et l'on entrait dans les appartements
par un vestibule. Outre la cuisine, avec ses deux croisées à
carreaux soutenus par des vergettes de fer, et au foyer de
laquelle se remarquait une grande platine en fonte destinée à
chauffer le poêle (1), le rez-de-chaussée avait deux chambres

_____

(1) Chambre voisine de la cuisine.

successives, puis une troisième en retour, au fond du vestibule. Au premier étage existaient trois chambres dont les fenêtres s'ouvraient sur la cour, et deux cabinets ayant leurs croisées au nord. Au-dessus du premier étage, que s'était réservé le seigneur dans le bail de Moinel, se trouvaient les hauts-greniers, où l'on arrivait par deux escaliers partant du vestibule. Des tuiles plates recouvraient l'édifice qui faisait corps avec les bâtiments. du dessus jusqu'au pressoir.

Dans le voisinage de la tour commune était la chambre à four et une autre chambre à feu, au-dessus desquelles on avait établi les grands greniers à grains recevant le jour par six croisées. Sous le toit existaient encore des hauts-greniers. Le mur pour la séparation d'avec le château des seigneurs d'Alençon avait 15 pieds de hauteur.

Il y avait au bas de la tour commune où étaient les prisons, une chambre à feu voûtée, et, à côté, quatre autres chambres dont l'une était aussi voûtée. Des sommiers supportaient les *seules* (poutres) du plancher des trois autres.

Une pompe avait été posée pour tirer l'eau d'un grand puits, peut-être celui qui est à l'ouest de la cour, mais le Sr Moinel s'engagea à y remettre un tour, une poulie et une corde.

Une ancienne bougerie était contigue à l'une des chambres à feu dont il vient d'être parlé. Les fenêtres de cette bougerie, comme celles de la plupart des autres dépendances du château, avaient conservé leurs anciens barreaux de fer.

Les deux caves qui existent encore, l'une dite la grande cave et l'autre moins vaste, étaient pourvues de trois rangées de gros madriers pour recevoir les tonneaux.

Venait ensuite une porte cochère : c'était l'entrée de la grange où se faisait le battage des grains.

Il y avait, pour les chevaux, une grande écurie avec crèches et rateliers des deux côtés, et en outre deux rans (réduits) pour les porcs. Des greniers à foin étaient établis au-dessus de cette écurie.

L'étable des vaches était à côté. On y entrait par une porte à deux battants; elle avait aussi deux réduits à porcs.

La neuve bougerie où étaient les cuves et les bouges destinés à recevoir les raisins, pour le temps de la fermentation, occupait la vaste chambre contigue à cette étable. L'une et l'autre avaient de belles voûtes supportées par des piliers.

A la proximité de cette bougerie s'élevait le pressoir, véritable bâtiment, abritant une machine compliquée et d'une construction gigantesque comme tous les anciens pressoirs.

Enfin, venait la chiennerie ou chambre des chiens, voisine d'une porte par laquelle on descendait dans les fossés.

En dehors de l'enceinte anciennement fortifiée, étaient encore plusieurs constructions appartenant au seigneur et laissées à l'amodiateur :

C'était d'abord le colombier, dont on parcourait l'intérieur au moyen d'une échelle tournante ; puis :

La maison du berger composée d'une cuisine, d'un poêle et de greniers ;

La bergerie à côté, meublée de rateliers et possédant un grenier à foin ;

La grange-aux-dixmes avec porte cochère, ensuite une maison au-dessus, dite la maison du jardinier, ayant son logis sur le derrière et une écurie sur le devant ;

Enfin, une chambre à feu à l'entrée de la cour de la bergerie.

Tous ces bâtiments étaient situés au nord du château et du grand parterre ; quelques-uns existent encore, mais complétement modifiés ; ils composaient, comme aujourd'hui, une partie du hameau de la Montagne.

L'enclos dit le Grand-Parterre était situé à l'est et au-dessus du château dont il était séparé par le fossé. Une grille sur la cour et une porte en fer y donnaient accès. Il paraît que, dans le terrain le plus rapproché du château, il y avait un bosquet. Ce parterre était entouré de tous côtés par des murs de six pieds de hauteur. Ces murs existent encore en partie, mais n'ayant pas été entretenus, ils suffisent à peine pour former une clôture de séparation avec les héritages voisins.

Un autre enclos dit le Petit-Parterre, semé de luzerne, était au-dessous du château et s'étendait jusqu'à la tour dite des Michottes, sur le fossé, vers le village. Le mur qui soutenait les terres en cet endroit avait jusqu'à 30 pieds (10 mètres) d'élévation. Un autre mur existait au côté opposé du fossé et, coupé d'abord par une porte cochère s'ouvrant à l'angle du fossé, il se continuait jusqu'au grand chemin du Taureau, pour le suivre en montant, comme cela se voit encore actuellement. Le mur qui fait la séparation des possessions des deux seigneurs datait du partage de 1589; il limitait, au sud-est, le Petit-Parterre, et se continuait au-dessus des châteaux pour limiter de même le Grand-Parterre.

Nous ne parlerons du moulin de l'Étanchotte, à environ deux kilomètres au-dessous de Lemmecourt, que pour dire qu'il était dans un aussi misérable état que les bâtiments du château. Quatre brèches existaient à la chaussée de l'étang, et le moulage, de même que le logement du meunier et l'écurie, exigeaient les réparations les plus urgentes; le four était étançonné.

Si nous remontons la vallée, nous arrivons à la chaussée de l'étang de réserve, puis à celle du grand étang, sous Beaufremont; l'une et l'autre avaient subi quelques dégradations, mais on pouvait les réparer à peu de frais.

La marcarerie, bâtie sur la chaussée du grand étang, était une ancienne construction très-caduque. Elle se composait d'une cour ayant grande et petite porte d'entrée avec un enclos derrière; d'une cuisine, d'un poêle et d'une chambre au fond d'un petit vestibule; d'une cave voûtée autour de laquelle des planches étaient disposées pour recevoir le lait; d'un four, d'une petite grange avec porte cochère; de l'étable pour les vaches avec trois réduits à porcs, et d'un grenier à foin; elle avait aussi un jardin potager joignant le chemin.

A quelques centaines de mètres au-dessus de la marcarerie, et sur la droite du grand étang, est située la tuilerie. Les bâtiments composant alors cet ancien établissement étaient le logement du tuilier : une cuisine, un poêle, une grange, une écurie à côté et un four; il y avait ensuite la halle avec ses échelles et ses perches, sa *marche*, son *établi* et sa meule à piler le ciment; puis le haut-fourneau pour cuire la tuile, la brique et la chaux. Le tout était, comme à la marcarerie et dans les autres constructions dont il vient d'être question, dans un état de dégradation qui exigeait de nombreuses et immédiates réparations.

Tels étaient, dans leur ensemble, et d'après une visite minutieuse, le château du comte de Morvilliers et ses dépendances.

En finissant cette visite, les experts firent l'inventaire des meubles que le seigneur possédait au château. Comme on va en juger, ces meubles, ou plutôt ces débris, étaient en rapport avec les logements qu'ils occupaient, et n'annonçaient en rien le luxe que de nos jours on rencontre dans les demeures roturières de la bourgeoisie, et même jusque chez les cultivateurs de nos campagnes.

A la cuisine du château, on remarquait une grande armoire à quatre volets, en chêne et sapin; un desservant à côté avec un porte-habit; un autre petit desservant auprès de la cheminée, une grande pelle à feu, le cramail (la crémaillère) et deux chenets. Un vieux dressoir et un ancien bois de lit y étaient tombés depuis peu en pourriture.

Dans le vestibule on voyait une petite armoire à un seul volet, et dans la chambre du fond, trois bois de lit ou couchettes pour les domestiques, deux vieux matelas en laine et crin, et les *pans* des *tour-de-lits* qui étaient précédemment à la cuisine.

Les trois chambres du premier étage, appartements réservés pour M. le comte, possédaient : la première, trois petits barils à mettre de la poudre, deux chenets à pommes de cuivre, une pelle à feu, trois petites pinces et une *servante* de fer; la seconde, dite le poêle, une armoire en chêne à deux volets, un lit équipé (sans draps), avec des *tour-de-lits* verts; et la troisième, une bergère avec couverture et traversin, puis un vieux bois de lit *à tombeau* (*sic*). Dans les petits cabinets était une grande armoire en chêne, à trois volets et deux clefs.

Trois petites commodes, six tables, de différentes grandeurs, en chêne et en sapin, trois fauteuils garnis de paille, vingt-quatre chaises, tant bonnes que mauvaises, aussi garnies de paille, complétaient le mobilier de ces chambres.

Il y avait à la chambre à four une grande huche, espèce de coffre en bois de chêne, une grosse et vieille *maix* (huche) à pétrir, creusée dans un tronc de chêne, et une pelle pour enfourner le pain, puis dans une autre chambre, un ancien dressoir avec deux pelles d'huilerie.

Dans la vieille bougerie, se trouvaient rangés dix-huit gros tonneaux en état de recevoir du vin, une grosse *bringue* (1) assez bonne et six autres détériorées ou ne pouvant plus servir, puis cinq tonneaux pour conduire le poisson.

La neuve bougerie possédait six grandes cuves, cinq balonges (2), deux *tiroires* (3), deux grands entonnoirs, un petit baril ferré ayant une anse de fer, et quinze tandelins, en plus ou moins bon état. Au pressoir était une grande hache pour tailler les pains (les marcs).

Enfin, il y avait au grenier un vieux crible d'Allemagne, un bichet et un imal bien ferrés, mesures de Nancy, plus un bichet et un vieil imal, mesures de Beaufremont (4).

Ces meubles et les autres effets de M. le comte de Morvilliers, mais seulement les plus convenables parmi ceux qui viennent d'être désignés, furent, presque aussitôt après l'inventaire, retirés du château de Beaufremont et transportés dans celui

(1) Grande cuve?

(2) Cuves allongées en ovale.

(3) Petites cuvettes pour tirer le vin.

(4) **Les experts furent taxés et reçurent chacun pour leur travail la somme de 34 fr., outre 12 fr. pour la rédaction de leur procès-verbal de 28 pages, papier in-4°, qui fut déposé au greffe de la baronnie de Beaufremont, partie du comte de Morvilliers. L'exemplaire que nous possédons en fut extrait le 16 juillet 1785, et nous a été remis par M. J.-N. Poirson, comme nous, l'un des arrière petits-fils d'Élophe Perru.**

de Vrécourt; le reste, avec les bouges et les tonneaux, fut vendu à l'amodiateur Perru, pour la somme de quatre-vingt-treize livres payées comptant (1).

Les réparations à exécuter par Ch.-François Moinel n'étaient peut-être pas terminées, que le château de Beaufremont avait changé de maître. Claude-Antoine Labbé n'existait probablement plus, et ses possessions, dans notre pays, venaient de passer à M. le marquis de Luigné. C'est ce qu'atteste une reconnaissance de l'expert Joseph Berret, qui certifiait, à la date du 17 juillet 1764, s'être transporté au château de M. le marquis de Luigné, à Beaufremont, et y avoir trouvé tous les travaux à la charge de Moinel, faits suivant les prescriptions et au désir de l'expertise (2).

Claude-Antoine Labbé et Charlotte du Quesnoy eurent de leur mariage : Jean-Charles-Paul-Antoine Labbé, comte de Morvilliers, officier dans le régiment du roi, infanterie; Anne-Françoise Labbé, mariée en 1751 à Charles, marquis de Spada; Charlotte-Joséphine-Antoinette Labbé et Marie-Françoise-Félicité Labbé (3).

Tandis que les aînés de la famille Labbé quittaient leurs paisibles châteaux pour s'attacher à la fortune des armées françaises, la branche cadette continuait à occuper, en Lorraine, les premières places au conseil d'état et à la cour souveraine. Nous rappellerons en quelques lignes les services de ces magistrats.

Simon-Melchior Labbé, frère puîné de Charles-François Labbé, baron de Beaufremont, fut le chef de cette branche. Dès 1694, Nicolas de Bildstein, baron de Froville, et Philippine de Seil, son épouse, ayant fondé à Nancy l'hôpital Saint-Roch, depuis réuni à celui de Saint-Charles, le nommèrent l'un des trois directeurs et conservateurs de cet hôpital, destiné aux pauvres malades les plus étrangers et les

(1) Cela résulte d'une décharge donnée à Jean Perru, fils d'Élophe Perru, le 26 juin 1770.
(2) Cette reconnaissance est à la suite du procès-verbal d'expertise.
(3) Voir le *Nobiliaire de Lorraine*, par Dom Pelletier.

28

plus abandonnés, et le prièrent d'en être avec eux l'un des
co-fondateurs (1). Il portait déjà le titre d'écuyer, seigneur
de Coussey. Nous avons dit plus haut comment le duc Léopold
le nomma l'un de ses ministres sous le titre de conseiller
secrétaire d'état. Il exerça cette fonction jusqu'après le décès
de ce prince, en 1729, et elle fut loin d'être pour lui une
sinécure, comme on peut le voir par la grande quantité
d'ordonnances et d'édits qu'il a signés et à la rédaction desquels il a certainement coopéré. Devenu le doyen du conseil
d'état, il conserva ce titre jusqu'à sa mort en 1755 : il
était alors âgé de quatre-vingt-dix ans. Le 5 août 1736,
le duc François III, voulant récompenser dignement ses services, avait érigé en sa faveur la baronnie de Coussey en
comté. Il était de plus seigneur du Rouvroy, Forcelle et
Licière. Il avait eu de son union avec Henriette de Jacquesson,
Claude-François Labbé qui suit; Jean-Charles Labbé dont il
sera parlé après, et Jeanne-Charlotte-Antoinette Labbé, épouse
de Charles de Silly, capitaine commandant de la garde des
grenadiers de S. A. R. madame la duchesse douairière de
Lorraine, à Commercy.

Claude-François Labbé, d'abord baron, puis comte de
Coussey et seigneur de Besonveau, était, ainsi que son
frère, secrétaire d'état à la mort du duc Léopold (2); ils
figuraient en cette qualité dans l'assemblée qui accorda la
régence à la duchesse Élisabeth-Charlotte d'Orléans, pendant
l'absence du duc François III. Il paraît qu'à cette époque,
Claude-François Labbé avait déjà rendu d'importants services
à la ville de Nancy, car il en reçut alors l'hommage d'un
jeton qu'elle fit frapper en son honneur (3). Il avait épousé

(1) *Histoire de Nancy*, par Lionnois, t. 2, p. 525.
(2) *Mémoires* de M. Noël, n° 5, note, p. 217 et manuscrit de la bibliothèque d'Épinal, n° 155.
(3) Lionnois, *ibid.*, t. 2, p. 155. Ce jeton porte d'un côté la ville
de Nancy avec la légende : Jeton de la chambre de ville de Nancy, 1729,
et de l'autre, les armes de Claude Labbé, accolées à celles de Marie-Anne de
Reurcier, son épouse, couronnées et supportées par deux génies.

Marie-Anne de Bourcier, qui lui donna deux fils morts en bas âge et une fille, Marie-Catherine-Simone Labbé, mariée à Claude-Charles Gobert, comte d'Apremont-Lynden, maréchal des camps et armées du roi de France et colonel d'un régiment de hussards (1).

Jean-Charles Labbé, comte de Coussey, seigneur du Rouvroy et de Genicourt, continua à remplir les fonctions de secrétaire d'État sous François III et sous Stanislas. Il devint premier président de la cour souveraine de Lorraine le 24 décembre 1745 et exerça cette charge avec autant de prudence que de fermeté, jusqu'au 23 juin 1767, sachant, dans des circonstances difficiles, concilier ce qu'il devait au roi de Pologne avec ses devoirs envers son pays, et mériter l'estime et la confiance de ses concitoyens, sans rien perdre de celle du prince. S'étant démis de ses fonctions, la cour lui conserva le titre de premier président honoraire qu'il portait encore en 1783. Il mourut toutefois avant les troubles révolutionnaires. En lui s'éteignit le nom de sa famille.

Il avait épousé en premières noces Marthe, baronne d'Olivier, dont il eut deux filles, Marie-Charlotte et Anne Labbé (2). Les armes de cette première épouse sont accolées à celles des Labbé et placées sous une couronne, sur le revers d'un jeton sans millésime qu'il reçut de la ville de Nancy (3). En secondes noces, il épousa Thérèse Gauvain de Champé, qui lui donna encore un fils mort jeune, et deux filles, Charlotte-Thérèse-Marguerite Labbé et Magdelaine Labbé, sur la vie desquelles nous n'avons aucun renseignement. En 1793, les biens que cette famille possédait à Coussey furent vendus comme biens nationaux; l'affiche de la vente de ces biens portait pour seule indication : « les héritiers Labbé et du Rouvroy de Coussey. »

Maintenant, jetons un coup d'œil rapide sur ce qui se

(1) *Nobiliaire de Lorraine*, p. 429.
(2) *Ibid.*
(3) Lionnois, *Histoire de Nancy*, t. 2, p. 154.

passait en Lorraine pendant la période que nous venons de parcourir.

Après 1725, les événements s'étaient succédé avec une étonnante rapidité dans notre province, et n'avaient pas permis à Claude-Antoine Labbé d'y revenir prendre du service auprès de nos ducs, comme il en avait d'abord exprimé le désir.

Léopold qui fut, comme on l'a dit, le restaurateur et le père de sa patrie, n'avait rien tant à cœur que de faire du bien à ses sujets, mais la mort le surprit au moment où il pensait pouvoir encore travailler longtemps à leur bien-être. Une pleurésie l'enleva à l'affection générale le 27 mars 1729.

On dit que ce modèle des bons princes fut tellement pleuré des lorrains qui assistèrent à ses funérailles, que les pavés de l'église des Cordeliers de Nancy, où il reçut la sépulture, furent mouillés de leurs larmes. Les regrets de ceux qui étaient éloignés de son séjour habituel ne furent pas moins expressifs. La noblesse comblée de titres et d'honneurs s'était relevée à l'ombre de son gouvernement tutélaire, mais la générosité du duc avait été égale envers tous ses sujets, à qui « il procura une abondance qu'ils ne connaissaient plus. » Les pauvres comme les riches, plus que les riches mêmes, avaient eu part à sa paternelle sollicitude ; aussi, dans les plus modestes paroisses comme dans les plus populeuses, on vit le peuple accourir en foule aux services religieux qui se célébrèrent partout pour le repos de son âme.

Si ce prince n'avait pas eu d'historiens pour nous retracer son caractère et nous rappeler ses bienfaits, les lois, les édits, les ordonnances qu'il promulgua, suffiraient pour que sa mémoire se conservât parmi nous. Ce sont là, en effet, autant de monuments de sagesse, où l'on retrouve à chaque page la preuve la plus palpable de l'intérêt ou plutôt de l'attachement que Léopold portait à ses sujets de toutes les classes et de toutes les conditions.

Un prince populaire sait toujours s'entourer d'hommes de

bien qui grandissent autour de lui et méritent une juste part des souvenirs honorables que la postérité accorde à sa mémoire. C'est donc un grand honneur pour les familles Labbé et d'Alençon d'avoir joui de la faveur d'un duc comme Léopold, et de compter plusieurs de leurs membres au nombre de ses conseillers.

Parmi les hommes d'un mérite exceptionnel que s'attacha cet excellent duc et dont peut à juste titre se glorifier notre province, nous ne pouvons nous dispenser de nommer les procureurs généraux, Léonard et Jean-Louis Bourcier, et le président Lefebvre (1), l'un des successeurs de Charles-François Labbé à la chambre des comptes. Ces deux magistrats lorrains pourront toujours être cités comme modèles, toutes les fois qu'il s'agira d'intégrité, de dévouement au prince et d'amour de la patrie.

François III, qui succéda à Léopold, était à la cour de l'empereur d'Allemagne dont il devait épouser la fille aînée, la célèbre Marie-Thérèse, lorsque la mort de son père le rendit héritier de la couronne des ducs de Lorraine et de Bar. Élisabeth-Charlotte d'Orléans, sa mère, fut reconnue régente. Le prince revint dans ses états en 1730, mais il les quitta de nouveau en 1731, pour ne plus les revoir. Pendant son court séjour à Lunéville, il rendit plusieurs ordonnances aussi sages qu'utiles (2), et s'occupa du gouvernement de notre pays avec une sérieuse attention. Après son départ, la laborieuse veuve de Léopold reprit la régence, et continua à exercer avec habileté l'autorité ducale jusqu'en 1737.

Les événements politiques qui se passèrent en Europe pendant cette nouvelle régence changèrent de la manière la plus inattendue le sort de la Lorraine et de ses souverains.

(1) Lefebvre était né à Épinal en 1665; une petite rue de cette ville porte son nom. Il mériterait plus de sa cité natale.

(2) Une de ces ordonnances, du 1ᵉʳ avril 1731, enjoignait aux communautés d'entretenir, chacune sur son territoire, les chemins servant à les mettre en communication les unes avec les autres.

Auguste II, roi de Pologne, étant mort en 1733, Louis XV, qui avait épousé la fille unique de Stanislas Leckzinski, engagea ce prince à redemander une couronne qu'il avait déjà portée. Stanislas fut en effet proclamé, mais Auguste III, fils du dernier roi, le fut aussi, et appuyé par la Russie et l'empereur d'Allemagne, il se maintint sur le trône. Le roi de France, mécontent de l'influence que l'empereur venait d'exercer au détriment de son beau-père, lui déclara la guerre. Pendant les deux années que dura cette guerre, la Lorraine envahie et traversée par les troupes françaises eut à fournir à ces troupes des vivres, des fourrages et des bois; néanmoins elle en souffrit peu : les préliminaires d'un traité de paix furent signés à Vienne le 3 octobre 1735. Par ces préliminaires, suivis de la convention définitive du 13 avril 1736, les duchés de Lorraine et de Bar étaient donnés en usufruit à Stanislas pour, après sa mort, être définitivement réunis à la France. Le duc François III, qui venait d'épouser la fille aînée de l'empereur, reçut en indemnité le grand duché de Toscane; toutefois, ce ne fut qu'avec la plus grande répugnance, et comme forcé par les événements, que ce prince consentit enfin, le 22 août, à souscrire aux conditions qui dépouillaient son auguste famille d'une couronne qu'elle avait portée pendant 700 ans.

Si alors la volonté nationale, cette base solide sur laquelle ne craindront jamais de s'appuyer les bons princes, eût pu être invoquée, nul doute qu'elle n'eût servi à l'accomplissement des vœux de nos pères en leur laissant au moins pour duc Charles-Alexandre, frère puîné de François III; mais ce principe trop légitime était loin de la pensée des gouvernements de cette époque, et il fallut se soumettre à leurs décisions.

La nouvelle des traités qui disposaient de notre pays causa parmi les Lorrains une consternation générale, et lorsque, le 5 mars 1737, la duchesse régente quitta Lunéville pour se rendre à Commercy, dont la souveraineté lui avait été réservée, leur douleur éclata de la manière la plus vive

et la plus touchante : « Ce serait tenter l'impossible, dit
» un écrivain présent au départ de la duchesse et de ses
» deux filles (1), que de vouloir dépeindre la consternation,
» les regrets, les sanglots et tous les symptômes du désespoir
» auquel le peuple se livra à l'aspect d'une scène qu'il re-
» gardait comme le dernier soupir de la patrie. » On ac-
courait de toutes parts; on se jetait devant les chevaux, on
les arrêtait; on barrait les passages; on se précipitait aveu-
glément à genoux jusque sous les roues des carrosses. On
n'entendait de tous côtés que les cris les plus attendrissants,
et les princesses elles-mêmes fondaient en larmes. La foule
était tellement compacte sur la route, qu'elles ne mirent pas
moins de cinq heures pour parcourir la première lieue (2),
et qu'elles ne réussirent à traverser plusieurs villages qu'en
promettant d'y revenir (3). Depuis, on remarqua souvent à
Commercy un grand nombre d'habitants des campagnes
qui y venaient de fort loin, comme pour contempler encore
une dernière fois les nobles restes de la cour de leurs anciens
souverains.

La duchesse douairière de Lorraine mourut en 1744;
l'année suivante, le duc François III, époux de Marie-Thérèse
d'Autriche, montait sur le trône impérial d'Allemagne et y
devenait le chef de la dynastie qui règne encore aujourd'hui
en Autriche.

Avant de venir fixer sa résidence dans ses nouveaux états,
Stanislas y fit reconnaître son autorité. Dès le 8 février, ses
commissaires avaient pris possession du Barrois; le 24 mars,
ils accomplirent la même formalité pour la Lorraine; enfin,
le 3 avril, Lunéville recevait le souverain qui, par un règne
de transition, allait préparer notre petite nation à devenir
une simple province française.

(1) Duval, *Vie de Wayringe*, p. 312.
(2) Voir les *Mémoires* de M. Noël, t. 411, p. 2, et l'*Histoire de
Stanislas*, par M. Aubert, avocat, p. 411.
(3) Digot, *Histoire de Lorraine*, t. 6, p. 185.

Le titre de duc de Lorraine et de Bar fut, pour le roi de Pologne, plus honorifique que réel. Sous prétexte de lui épargner les fatigues de la direction des affaires, le roi de France lui demanda la gestion de l'administration financière des deux duchés, et Stanislas y consentit moyennant une pension annuelle de deux millions de livres. Pendant les vingt-neuf années qu'il régna en Lorraine, il retira donc de ce pays, pour son entretien et celui de sa cour, une somme de cinquante-huit millions, sur laquelle il est juste de diminuer 8,518,223 livres 8 sous qu'il employa à des constructions et à divers établissements religieux ou philanthropiques, spécialement en faveur des villes de Nancy, de Lunéville et de Commercy (1).

Stanislas a reçu le surnom de bienfaisant. C'était en effet un excellent prince qui, avec des mœurs pures et une piété éclairée, avait le cœur grand, généreux et obligeant. S'il eût été libre de suivre ses propres inspirations, il est assez probable que nos pères n'auraient eu qu'à bénir son gouvernement, mais ses belles qualités durent souvent s'effacer devant la volonté des ministres de Louis XV.

Sous son règne, nos populations rurales, surchargées d'impôts de toutes sortes par l'intendant de la France, se virent encore une fois réduites à une vie de gène et de privations (2).

Stanislas mourut le 13 février 1766, et dès lors nos pères durent accepter la France pour patrie. S'ils éprouvèrent encore

(1) V. *Mémoires pour servir à l'histoire de Lorraine*, par M. Noël, n° 5, p. 259.

(2) En 1761, la masse des impôts existants, y compris les revenus des domaines et les contributions indirectes, était de 8,918,527 livres 9 sous, tandis que tous les revenus imposables n'étaient évalués qu'à 7,300,000 livres. A ces impôts excessifs qui pesaient presque exclusivement sur le peuple, si l'on joint les dîmes, les redevances, les corvées ou prestations et les autres droits seigneuriaux qu'il avait à supporter, on aura une idée de la triste situation de notre pays, à une époque que l'on se figure généralement comme ayant été pour nos ancêtres une ère de prospérité et de bien-être.

quelques regrets bien légitimes en assistant au dernier soupir de leur antique indépendance, les égards de Louis XV, qui presque aussitôt diminua leurs charges et leurs contributions, les attachèrent promptement à la grande nation au milieu de laquelle ils ont pu continuer la chaîne de leur ancienne gloire, et à laquelle, sans cesser d'avoir le cœur et le caractère lorrain, ils ont fourni, en moins de cent ans, une foule d'hommes illustres et dévoués.

L'empereur Napoléon Ier appelait la Lorraine *le pays des braves :* les dernières luttes de la France ont prouvé que les militaires produits par ce pays, sont toujours dignes de la réputation de leurs ancêtres.

Antoine-Louis-René Saguier, marquis de Luigné, comte de Morvilliers, baron de Vrécourt et de Beaufremont.

Après Claude-Antoine Labbé, la baronnie de Beaufremont fut possédée, pour la partie qui avait appartenu à ce dernier seigneur, par messire Antoine-Louis-René Saguier, marquis de Luigné (1). Ce nouveau baron était étranger à la noblesse lorraine, et nous ignorons son origine. Nous supposons toutefois qu'il avait épousé une des filles de son prédécesseur, et que ce fut cette alliance qui le mit en possession du comté de Morvilliers et de ses dépendances. Il avait suivi avec succès la carrière militaire, et à ses titres, anciens et nouveaux, il joignait ceux d'ancien lieutenant-colonel de cavalerie et de chevalier de l'ordre royal et militaire de Saint-Louis.

Le marquis de Luigné jouit de la baronnie de Beaufremont de 1764 à 1778. Il ne l'habita jamais; il faisait sa résidence habituelle à Paris, en son hôtel de Paradis, au Marais,

(1) Luigné est un village du département de Maine-et-Loire, canton de Thouarcé, arrondissement d'Angers, population 430 habitants.

paroisse Saint-Gervais, et aussi quelquefois au château de Vrécourt.

L'amodiateur Claude Perru étant mort, il consentit à ce que sa veuve, Elisabeth Laroche, et son fils, Claude Perru, renonçassent au bénéfice du bail que nous avons rappelé, en faveur de Jean Perru, leur fils et frère. Cette renonciation eut lieu le 13 juillet 1767. Dans l'acte qui en fut passé par devant M⁰ Thiébaut, tabellion en la baronnie de Beaufremont, Jean Perru et son épouse Catherine Froment acceptaient, pour les six années restant à écouler, les conventions du bail de 1763, et s'engageaient à payer aux époques fixées, audit seigneur marquis de Luigné ou à ses agents, en son château de Vrécourt, le canon annuel de 3,100 livres, plus une somme de 36 livres, au mois de septembre, pour être déchargés de l'obligation d'abord contractée de fournir annuellement cinquante livres (25 kilogrammes) de beurre et autant de fromage.

Il paraît que M. le marquis et son nouveau fermier n'eurent qu'à se louer l'un de l'autre, car deux années seulement après les arrangements dont il vient d'être question, un nouveau bail de neuf années fut consenti entre eux pour commencer à l'expiration du premier, le 23 avril 1773, et finir en 1782. Ce fut encore le notaire Charles Thiébaut, de Beaufremont, qui rédigea ce bail, un peu plus détaillé que celui de 1763. D'après des conventions nouvelles, l'amodiateur devait payer un canon de 3131 livres et 50 livres pour le beurre et le fromage. Il était aussi chargé d'avancer les vingtièmes, mais le seigneur s'engageait à lui en tenir compte (1).

En marge de la dernière page de ce bail est écrit : « Enregistré au greffe de la prévôté de Beaufremont pour la partie de Monsieur le marquis de Luigné, ce requérant le sʳ Jean Perru, et ce en exécution de l'ordonnance de Monsieur le marquis de Stainville concernant le port d'armes, par moy greffier soussigné, le 13 août 1771.

» VERGNE. »

(1) Cet impôt s'élevait aux deux vingtièmes du revenu.

En marge de l'avant dernière page on lit encore : « Je soussigné comte de Brunet-Neuilly, seigneur de Beaufremont et autres lieux, déclare avoir continué le présent bail en faveur du sr Perru, amodiateur actuel, pour le temps et espace de trois années après le bail cy-joint expiré, lesquelles trois années commenceront seulement à la St-Georges de mil sept cent quatre-vingt-deux, pour finir à la veille de pareil jour, moyennant le canon annuel de trois mille neuf cent six livres cours de Lorraine, payable au même terme que porté audit bail, pour sûreté de quoi les mêmes obligations que portées audit bail subsisteront. Fait au château de Vrécourt le trois novembre mil sept cent quatre-vingt. » Cette convention écrite par M. le comte de Neuilly lui-même est signée : « le Cte de Neuilly, J. Peru. »

La moitié de la baronnie de Beaufremont de même que celle de Vrécourt et toutes les terres, seigneuries et fiefs du comté de Morvilliers ne restèrent à M. le marquis de Luigné que jusqu'au 18 mai 1778 ; à cette date, il vendit tout ce qu'il y possédait, à la réserve d'Ollainville, à M. Jean-François André de Brunet-Neuilly, qui en prit immédiatement possession (1).

Jean-François-André, comte de Brunet-Neuilly, baron de Beaufremont et de Vrécourt.

La famille de M. de Brunet-Neuilly, qui n'était point d'origine lorraine, nous est aussi inconnue que celle de M. le marquis de Luigné. Il avait, comme ses prédécesseurs, embrassé d'abord la carrière militaire, et ce qui prouve qu'il était d'une noblesse distinguée, c'est qu'au moment où il devint baron de Beaufremont, il portait le titre de premier maréchal-des-logis honoraire de Monseigneur le comte d'Artois, frère du roi, depuis Charles X.

Louis XVI voulant sans doute reconnaître ses services, lui accordait, au mois de juillet 1778, des lettres-patentes par lesquelles il ordonna que le comté de Morvilliers serait

(1) *Statistique des Vosges*, t. 2, p. 503.

désormais appelé comté de Brunet-Neuilly et aurait pour armes celles de cette famille (1). Ces armes étaient : de gueules à deux chevrons alésés d'or, accompagnés de trois étoiles d'argent (2).

M. le comte de Neuilly, quoique ancien militaire, n'était pas étranger à la magistrature, car en 1783, d'après l'almanach de Lorraine et Barrois, il était bailli de Neufchâteau, fonctions qu'il conserva pendant plusieurs années (3).

Par acte du 13 novembre 1780, passé devant les notaires royaux Gillot et Marchal, tabellions au bailliage de Bassigny séant à Bourmont, haut et puissant seigneur messire Jean-François André, comte de Brunet-Neuilly, premier maréchal-des-logis honoraire de Monseigneur le comte d'Artois, frère du roi, baron de Beaufremont et de Vrécourt, demeurant alors au château dudit Vrécourt, cédait et laissait par bail emphytéotique, pour quatre-vingt-dix-neuf années, à partir de la Saint-Georges 1785, à Jean Perru, marchand et amodiateur à Beaufremont, à Catherine Froment son épouse et à leurs successeurs :

1° La moitié qui lui appartenait dans le moulin, bâtiment, usine, ustensiles et moulage de l'Étanchotte (l'autre moitié avec les héritages y attenant et en dépendant étant la propriété de madame la comtesse de Villers) ;

2° L'étang dudit moulin avec la pièce de pré qui est à la queue et qui étaient à lui sans que la dame de Villers y eût aucune part. L'entretien et les réparations à faire au moulin pendant la durée du bail devaient être à la charge de l'amodiateur et de ses successeurs, qui restaient libres de le faire valoir ou de le sous-fermer à telles personnes et pour telles conditions qu'ils trouveraient à le faire.

(1) *Statistique des Vosges*, t. 2, p. 305. Le nom du chef-lieu, Morvilliers, fut changé en celui de *Bruneuilly*.

(2) *Dictionnaire héraldique*, par **M. G. D. L. T.**, écuyer, 1774, p. 14, n° 57. Armoiries de la famille Brunet de Neuilly, de Paris.

(3) *Almanach de Lorraine pour* 1785, page 73.

Le moulin, les bâtiments, l'usine, l'étang et les prés étaient ainsi relaissés en pure et simple roture, avec jouissance pour le fermier « du profit, revenu et émolument dudit moulin et dépendances, » le seigneur laisseur se réservant expressément la propriété foncière féodale, censive et la justice, les chassés et tous droits de seigneurie annexés à la qualité du fief, tant sur le moulin et ses dépendances que « sur les résidans en iceluy, sur ledit étang et les autres héritages y attenant. »

Ce bail était fait pour le canon annuel de cent cinquante-cinq livres, cours de Lorraine, payable par chacun an à la Saint-Georges, le premier canon à échoir en 1786.

L'amodiateur Jean Perru et dame Elisabeth-Thérèse d'Alençon, baronne de Beaufremont et marquise de Villers, affermaient ensuite cet ancien moulin le 20 mars 1787, pour neuf années, à Nicolas Bator, meunier, et Anne Defer, son épouse, qui l'exploitaient déjà, moyennant la somme annuelle de quatre cent trente et une livres, cours de Lorraine, et huit chapons vifs évalués huit livres, le tout payable en deux termes égaux, à Noël et à la Saint-Georges de chaque année, moitié pour la dame de Villers, propriétaire, et l'autre moitié pour Jean Perru, censitaire de la moitié dudit moulin. Toutes les réparations au moulin et à la chaussée restaient en outre à la charge du meunier Bator, et un article lui imposait l'obligation de payer, à la fin du bail, douze livres pour chaque pouce de roi de diminution des meules. Le premier paiement du canon était laissé au meunier pour les réparations immédiates à faire à la chaussée.

Depuis l'acquisition faite à Darney-aux-Chênes, en 1388, par Philibert de Beaufremont, nos barons avaient toujours joui d'une grande partie des droits seigneuriaux de ce petit village. On appelait ce qui constituait leur part, *seigneurie de Beaufremont ou foncière*, et encore *seigneurie sous le toit;* c'étaient eux qui faisaient crier la fête du village. Mais quelques-uns de ces droits leur furent plus d'une fois contestés par les marquis de Removille et les seigneurs de

Dommartin, aussi seigneurs de Darney-aux-Chênes. Cependant ils continuèrent à en conserver la possession jusqu'au commencement de 1783 ; à cette date, M. le comte de Neuilly vendit ce qu'il pouvait y prétendre à M. de Sivry (1).

Deux années plus tard, au mois d'avril 1785, la famille Perru quittait, au château de Beaufremont, l'habitation appelée alors le château de Neuilly, et la partie de la baronnie qu'elle venait d'exploiter pendant 24 ans était laissée à bail, pour la dernière fois, par M. le comte de Brunet-Neuilly, à dame Marie-Thérèse Blanchelaine, douairière de feu le sieur Grosjean, vivant garde-marteau en la maîtrise particulière des eaux et forêts de Bourmont, épouse séparée de Charles-Dominique Pelgrin des Aulnes, conseiller du roi, lieutenant en la maîtrise des eaux et forêts de Darney-en-Vosges (2).

La dame Pelgrin eut à peine pris possession de la ferme qui venait de lui être laissée à bail, qu'elle intenta au comte de Neuilly et à l'amodiateur sortant, un procès pour les obliger à faire exécuter les réparations et les travaux à leur charge soit dans les bâtiments, soit aux vignes. Mais ni le maître, ni l'ancien fermier ne devaient voir la fin de ce procès dont la durée fut de plusieurs années, et qui, sans pouvoir être terminé, passa de la justice de Beaufremont au bailliage de Neufchâteau, puis au parlement de Nancy. En effet, le 9 février 1792, une délibération prise en la chambre du conseil du tribunal du district de Nancy, permettait à Catherine Froment, veuve de Jean Perru, de reprendre cette affaire aux lieu et place de feu son mari, et d'assigner devant ce même tribunal « la demoiselle Marie-Thérèse Blanchelaine, épouse séparée du Sr Pelgrin, demeurante à Lémecourt, et Demoiselle Thérèse-Rosalie de Beauchamp, veuve du Sr Jean-François de Brunet-Neuilly, en qualité de mère

(1) Archives de la Préfecture des Vosges. E. 19.

(2) Cette Dame, qui résidait alors à Bourmont, vint ensuite habiter Lemmecourt ; elle y était connue sous le nom de Madame Grosjean.

et tutrice de ses enfants mineurs, demeurante à Vrécourt, pour voir ordonner qu'il sera procédé avec elles, par devant le tribunal du district de Nancy, suivant les derniers erremens des poursuittes et procédures faites au cy-devant parlement de Nancy, sur l'appel y porté par la demoiselle Blanchelaine, réglé par appointement du 17 mars 1787. »

Le jugement définitif de ce procès ne nous a pas été conservé, mais il résulte de la délibération que nous venons de rappeler, que le comte de Brunet-Neuilly, dernier baron de Beaufremont avant la grande catastrophe qui anéantit l'autorité féodale en France, était mort lorsque commencèrent les jours de deuil qui allaient forcer sa veuve et ses jeunes enfants à s'expatrier, et leur enlever, sans aucun égard pour leur âge ou leur sexe, jusqu'à la dernière parcelle des domaines qui leur appartenaient.

Le jour où Thérèse-Rosalie de Beauchamp, épouse de M. le comte de Neuilly, prit le chemin de l'exil ne nous est pas connu ; une particularité remarquable, c'est que ce fut précisément le 9 février 1792, date que nous venons de rappeler, qu'un décret de l'Assemblée législative prononça la confiscation de tous les biens des émigrés au profit de la Nation.

Nous reviendrons plus loin sur les ventes de biens nationaux qui furent faites dans notre pays, et sur ce que devint la baronnie de Beaufremont pendant la tourmente révolutionnaire; mais avant d'aborder ces faits, il nous faut parler de la famille d'Alençon, copropriétaire de cette baronnie à partir de 1675.

Famille d'Alençon.

Le pays d'origine des d'Alençon, barons de Beaufremont au XVIIIe siècle; paraît avoir été la Provence (1). Louis d'Alençon, l'un de leurs ancêtres, vint, dit-on, en Lorraine

(1) *Dictionnaire héraldique de la Chesnaye-des-Bois*, p. 67.

à la suite de René d'Anjou ; il perdit la vie à la bataille
de Bulgnéville le 2 juillet 1431, en combattant à la tête d'une
compagnie d'hommes d'armes qu'il commandait.

Nicolas d'Alençon, l'un de ses descendants, natif de Vavincourt (1), village du duché de Bar, fut anobli par le
duc Charles III, le 3 décembre 1565. Il portait : d'azur à
la face d'or, accompagnée en chef d'une levrette d'argent
accolée de gueules, et pour cimier la levrette naissante de
l'écu.

Cette famille se perpétua depuis en Lorraine par Charles
d'Alençon, pourvu de la charge de receveur particulier de
Bar, et dont l'épouse fut Françoise Didelot (2) ;

Antoine d'Alençon, écuyer, contrôleur général de la maison
de Monsieur, frère unique de Louis XIV, qui épousa Marie
Corberon, fille de Claude Corberon, conseiller du roi, trésorier général des lignes de Suisse, et de Françoise Coursier ;

Chrétien d'Alençon qui, de sa femme Catherine de l'É-
glise, eut un fils, François d'Alençon, qui suit, et deux filles,
Christienne et Anne d'Alençon (3).

François d'Alençon, baron de Beaufremont. 1675.

François d'Alençon, que nous avons vu le 15 juillet 1675
acquérir de la maison de Lenoncourt la moitié du château
et de la baronnie de Beaufremont, exerçait déjà en 1665
les fonctions de lieutenant général au bailliage de Bar. L'espèce
d'empressement qu'il mit à faire confirmer cette acquisition
par Louis XIV, nous porte à croire que le gouvernement de
ce monarque lui avait accordé sa confiance, et qu'il fut

(1) **Vavincourt**, village du département de la Meuse, à 7 kilomètres de
Bar-le-Duc.

(2) Les lettres de noblesse de **MM.** d'Alençon sont aux archives de
Lorraine, fo 99 du registre cotté 1505 et 1566.

(5) Voir *Nobiliaire de Lorraine*, par D. Pelletier, p. 5 et 6, et aussi
les nobiliaires manuscrits de la bibliothèque d'Epinal.

maintenu à son poste pendant toute la durée de l'occupation de nos duchés par la France.

François d'Alençon était loin de posséder une fortune égale à celle que les alliances avaient procurée aux Labbé ; nous pensons même que l'achat de la moitié de la terre de Beaufremont absorba la plus belle partie de son avoir. Ce qui est positif, c'est que ses descendants surent toujours apprécier cette seigneurie ; qu'ils s'y plaisaient et que quelquefois ils y résidèrent, eux et leur famille, autant du moins que le leur permit l'exercice des emplois dont ils furent revêtus.

Ce seigneur avait épousé Louise de Beurges ou de Burges, dont il eut Charles d'Alençon qui lui succéda (1).

En 1779, il avait pour amodiateur à Beaufremont un Sr Charles Chemitte.

Charles d'Alençon, baron de Beaufremont.

Nous avons vu les anciens seigneurs de Beaufremont aimer à tenir sur les fonts baptismaux les enfants de leurs sujets ; soit par suite de cette ancienne et louable coutume, soit pour se faire connaître ou pour gagner la sympathie de la population, les nouveaux seigneurs continuèrent ce patronage, comme on a déjà pu le remarquer plus haut. Le nom de Charles d'Alençon figure pour la première fois sur les registres de la paroisse de Beaufremont en 1691 ; un acte de baptême du 1er janvier le désigne comme parrain de la fille d'Antoine Chailly ; il est qualifié dans cet acte de haut et puissant seigneur messire Charles d'Alençon, comte de Boffromont. La marraine fut haute et puissante dame Louise de Burges, comtesse de Boffromont. Ce titre de comte avait un singulier attrait pour les acquéreurs de notre baronnie : malheureusement le curé de Beaufremont, qui le laissait couler sous sa plume, n'avait pas le pouvoir de le rendre réel, mais c'était sans doute, comme nous l'avons

---

(1) *Nobiliaire de Lorraine*, p. 6.

29

déjà exprimé, une petite flatterie dont on ne lui savait pas mauvais gré.

L'avénement de Léopold avait été avantageux aux Labbé, il le fut de même aux d'Alençon; en même temps que ce prince choisissait dans la première de ces familles un président de la chambre des comptes de Nancy, pour le duché de Lorraine, il accordait aussi cette faveur à la seconde pour la chambre des comptes de Bar, dont les attributions s'étendaient sur tout le Barrois.

D'après le *Dictionnaire de Rogéville*, Charles d'Alençon obtint la présidence de la chambre du conseil et des comptes de Bar (1) dès 1698, au moment même de la réorganisation de l'ancienne magistrature de nos duchés. Il succédait dans ces fonctions à son beau-père, Alexandre de Burges, nommé le 7 mai 1661. L'ordre de séance que nous avons rapporté ailleurs, nous a fait connaître qu'il était aussi, dès 1701, l'un des conseillers d'état du prince lorrain.

Le mariage de Charles d'Alençon avec Jeanne de Burges, fille d'Alexandre de Burges et d'Élisabeth Gasselin, lui avait permis d'ajouter à son titre de baron de Beaufremont celui de seigneur de Ville-sur-Saulx et de Ruvigny en partie; le 18 octobre 1699, il fit ses reprises et rendit hommage au duc de Lorraine pour tout ce qu'il avait dans ces terres et seigneuries.

La présence et le séjour d'un souverain chez l'un de ses sujets ont toujours été considérés comme une marque particulière d'estime et de haute considération. Charles d'Alençon jouit de cette faveur en 1712, et voici à quelle occasion. Jacques III, fils de Jacques II, roi détrôné d'Angleterre, dit le chevalier de Saint-Georges ou le Prétendant, ayant été obligé de quitter la France après la paix d'Utrecht, demanda

(1) La chambre du conseil et des comptes de Bar était autrefois le conseil des comtes et des ducs de Bar; elle connaissait des fiefs, faisait la répartition de la subvention, des vingtièmes et des autres impositions, dans tout le Barrois. (V. *Durival*, t. 1er, p. 524 et suivantes.)

un asile à Léopold : cette hospitalité lui fut accordée avec
tous les égards dus à son rang et à son infortune. Il
arriva à Bar-le-Duc le 12 février 1712 et habita pendant
quelques jours la maison de M. Marchal, conseiller d'état,
en attendant que le château fût convenablement meublé.
Le duc de Lorraine vint bientôt après lui faire une visite,
et ce fut alors que notre baron eut l'honneur de recevoir
chez lui ce souverain affectionné. Voici comment Dom Calmet
nous rapporte ce voyage (1) :

« Le 9 mars, S. A. R. le duc Léopold partit de Lunéville,
» accompagné du prince François, son frère ; il arriva le
» même jour à Bar et alla mettre pied à terre chez M. d'A-
» lençon, président de la chambre des comptes.

» A peine S. A. R. était-elle arrivée, que M. le chevalier
» de Saint-George monta en carrosse pour aller faire la pre-
» mière visite ; ce prince fut reçu, à l'entrée du logement,
» par M. le comte de Rouerck, irlandais, major du régi-
» ment des gardes de S. A. R. ; au haut de l'escalier, par
» M. le marquis de Gerbéviller, grand bailly de Bar. Il l'in-
» troduisit dans l'appartement de S. A. R., laquelle se trouvant
» surprise, alla à la rencontre du chevalier de Saint-George,
» à la porte de son antichambre, où ils s'embrassèrent ten-
» drement.

» Après les premiers compliments, les trois princes des-
» cendirent et montèrent dans le carrosse de M. le chevalier
» de Saint-George, qui les régala à souper. S. A. R. partit de
» Bar le 10.... On remarqua que pendant son séjour à
» Bar, le chevalier de Saint-George donna toujours la droite
» à S. A. R. »

Charles d'Alençon conserva la présidence de la chambre
des comptes de Bar tant que vécut le duc Léopold, et même
quelque temps encore après l'avénement de François III, car

(1) *Histoire de Lorraine*, t. 7, p. 241.

Antoine-Nicolas, baron de Ronin, qui lui succéda (1), n'entra en fonctions qu'au mois d'août 1732.

Il avait eu de son mariage trois garçons, deux nous sont connus; ce sont : Jean-Baptiste d'Alençon, l'aîné, et François-Joseph d'Alençon, le puîné, qui possédèrent en commun la baronnie de Beaufremont.

Jean-Baptiste, comte d'Alençon, baron de Beaufremont.

Jean-Baptiste d'Alençon entra fort jeune dans la carrière militaire, mais tout ce que nous en savons, c'est qu'il servit en France, comme mousquetaire de la seconde compagnie de la garde du roi, et que dans plusieurs occasions, il donna des preuves d'une valeur et d'une bravoure qui le firent apprécier.

Le 17 novembre 1732, la veuve de Léopold, la duchesse Élisabeth-Charlotte d'Orléans, régente en Lorraine pendant l'absence de son fils François III, voulant témoigner à ce seigneur tout le cas qu'elle faisait des services rendus à l'état par lui, son frère et sa famille, et lui en laisser une marque particulière de considération, l'éleva à la dignité de comte en lui donnant les lettres patentes que voici :

« François, etc., à tous présents et à venir, salut.

» Il est de la grandeur et de la justice des souverains, non-
» seulement de maintenir et de protéger les familles qui se sont
» distinguées et rendues recommandables dans leurs états, mais
» encore d'élever ceux qui en sont issus, aux degrés d'honneur
» que leur vertu, leurs services et l'ancienneté de leur noblesse
» ont mérités; c'est dans ces sentiments que nous avons mis en
» considération les bons et agréables services qui nous ont été
» rendus, et aux ducs nos prédécesseurs, depuis plusieurs siècles,
» par la famille de notre cher et féal le Sr Jean-Baptiste d'Alençon,
» baron de Beaufremont et de Villotte-devant-Louppy, etc. : son

(1) *Dictionnaire de Rogéville*, t. 1er, p. 129.

» quadrisaïeul Louis d'Alençon commandait une compagnie d'hommes
» d'armes et fut tué à la bataille de Bulgnéville, donnée le 2
» juillet 1431, depuis lequel temps les ancêtres dudit Sr Jean-Bap-
» tiste d'Alençon, de même que son père et son frère, n'ont cessé
» de rendre des services considérables dans les fonctions des dif-
» férentes charges et offices de distinction qu'ils ont exercées avec
» honneur, capacité et droiture, les uns ayant été décorés du titre
» et caractère de conseiller d'état, les autres ayant possédé les
» offices de président de notre chambre du conseil et des comptes
» de notre duché de Bar, et de lieutenant général de notre bailliage
» de ladite ville, en sorte que l'on peut dire que la vertu, le
» zèle, la fidélité et l'attachement au service des souverains ont été
» comme héréditaires dans cette famille, et ledit Sr Jean-Baptiste
» d'Alençon s'étant lui-même distingué par sa vertu et bonne
» conduite dans le métier de la guerre qu'il a embrassé dès sa
» tendre jeunesse, en ayant donné des preuves en plusieurs batailles,
» siéges et autres actions où il s'est trouvé, nous avons cru devoir
» marquer en sa personne l'estime que nous faisons de sa vertu, de
» son mérite et des services rendus par ses ancêtres, et pour
» cet effet l'illustrer de quelques titres qui pussent passer à sa
» postérité, et inspirer à ses descendants les mêmes sentiments
» d'honneur et de fidélité qui ont animé les premiers. A ces causes
» et autres bonnes considérations à ce nous mouvant, de notre grâce
» spéciale, pleine puissance et autorité souveraine, nous avons
» ledit Sr Jean-Baptiste d'Alençon créé, nommé, décoré et illustré,
» créons, nommons, décorons et illustrons par ces présentes du
» titre, nom, qualité et dignité de comte; voulons, entendons
» et nous plaît que désormais et à perpétuité ledit Sr Jean-Baptiste
» d'Alençon, ensemble ses enfants nés et à naître en légitime ma-
» riage, leur postérité et lignée, puissent se dire, nommer et
» qualifier comtes, en tous actes et en droit tant en jugements
» que dehors, et qu'ainsi ils soient traités et réputés pour tels, et
» jouissent de tous les honneurs, droits, préséances, prérogatives,
» priviléges et séances dont les autres comtes de nos états jouissent,
» peuvent et doivent jouir de droit à cause de leur dite qualité,
» et ce tant aux assemblées de la noblesse qu'en fait de guerre

» et autrement, et que ledit Sr Jean-Baptiste d'Alençon et sa pos-
» térité puissent continuer à porter les armes de leur famille,
» telles qu'elles sont ci-après peintes, figurées et blazonnées, savoir :
» d'azur à la face d'or accompagné en chef d'une levrette cou-
» rante d'argent, colletée de gueules, bordée et bouclée d'or, et
» pour cimier, la levrette de l'écu isorte d'un armet contourné,
» grillé, couronné d'une couronne de comte, orné de son bourlet
» et lambrequin aux métaux et couleur de l'écu, et pour supports
» deux griffons au naturel. Si donnons en mandement à nos chers
» et féaux les présidents, conseillers, maître, auditeurs et gens
» tenant notre chambre de conseil et des comptes de notre duché
» de Bar, bailly, lieutenant général, conseiller et gens tenant notre
» bailliage de ladite ville de Bar, maréchaux, sénéchaux, et à tous
» autres qu'il appartiendra, que du contenu aux présentes et de tous
» leurs effets ils fassent, souffrent et laissent jouir ledit Sr Jean-
» Baptiste d'Alençon, ensemble ses dits enfants mâles nés et à naître
» en légitime mariage, leur postérité et lignée pleine et paisiblement,
» sans permettre qu'il leur soit mis ou apporté aucun empêchement
» contraire. Fait, etc., grand scel, donné à Lunéville, le 17 no-
» vembre 1732.

» ÉLISABETH-CHARLOTTE. »

Jean-Baptiste comte d'Alençon, baron de Beaufremont, seigneur de Blevaincourt, Villotte-devant-Louppy, etc., avait épousé le 17 janvier 1719 Catherine-Victoire de Royers, dont il eut :

1° Mathias, comte d'Alençon, seigneur de la Croix-sur-Meuse, né le 14 février 1724, qui, sans doute en qualité d'aîné de sa famille, porta pendant quelques années le titre de baron de Beaufremont, mais ne jouit jamais seul des biens que son père et son oncle possédaient dans la baronnie. Il fut capitaine au régiment des gardes lorraines, et épousa, le 5 février 1753, Françoise de Grossolles, fille de François-Charles de Grossolles, seigneur de Saulx-Drapt et de Marie-Françoise de Pruet de Maipas ;

2° Charles-Mathias, comte d'Alençon, capitaine de cavalerie, qui naquit le 24 février 1727 et épousa le 27 avril 1747

Françoise-Thérèse-Éléonore de Nettancourt, sœur de M. de
Vaubecourt, colonel aux grenadiers de France, de laquelle
il eut un fils et deux filles (1).

Les deux familles de Jean-Baptiste et de François-Joseph
d'Alençon paraissent avoir conservé en commun la jouissance
de leur baronnie de Beaufremont jusque vers 1773 ou 1774,
comme l'indiquent clairement les actes des tabellions et
autres officiers qui s'y disaient alors en exercice pour
« les seigneurs et dames, comtes et barons d'Alençon, » ou
plus simplement, « pour la partie des seigneurs d'Alençon. »

L'auteur des *Mémoires pour servir au Pouillié et à la
description du Barrois* (2), ouvrage publié en 1749, at-
tribue aussi à « MM. les comtes d'Alençon » les seigneuries
et les droits féodaux que leur famille avait et exerçait en
divers lieux, notamment à Rosières et à Blevaincourt, avec
le comte de Morvilliers, à Landaville, à Senaide et à Villotte-devant-Louppy, aussi conjointement avec d'autres seigneurs; mais nous ne pourrions faire que des conjectures
sur les arrangements qu'ils firent entre eux, soit pour la
possession de la terre de Beaufremont, soit pour celle des autres
seigneuries dont se composait la succession de leurs parents.

---

(1) *Dictionnaire héraldique de la Chesnaye-des-Bois*, p. 67, et *Nobiliaire de Lorraine*, par D. Pelletier, p. 6.

(2) D'après cet auteur, MM. d'Alençon et Labbé, barons de Beaufremont, étaient seigneurs hauts justiciers à Rozières et à Blevaincourt
dans la partie du Barrois-mouvant, la justice y était exercée par leur
juge garde. MM. d'Alençon étaient décimateurs pour 1/5 à Landaville,
et, avec M. de Barbarat, seigneurs hauts, moyens et bas justiciers. A
Senaide, ils étaient seigneurs hauts justiciers pour une partie et avaient
leurs sujets distincts de ceux des autres seigneurs; à Villotte-devant-Louppy,
ils étaient de même pour une partie seigneurs hauts, moyens et bas
justiciers, et avaient, avec leurs co-seigneurs, un juge-garde pour l'exercice
de la justice; enfin à Ville-sur-Saulx, ils possédaient une maison fief
dépendante de la succession de feu madame la présidente d'Alençon, à
laquelle était attachée une partie de la rivière, aussi fief. (Voir pages
387, 74, 288, 428, 498 et 492.)

Un cahier en forme de rôle, contenant les déclarations des propriétaires et fermiers de Beaufremont pour l'abonnement des vingtièmes du Barrois en 1774, contient à l'article 1er la déclaration suivante, donnée par l'amodiateur même des seigneurs d'Alençon, pour constater le revenu qu'ils tiraient de leur portion de baronnie :

« Le soussigné François-Joseph Nicolas, admodiateur gé-
» néral de la terre et baronnie de Beaufremont pour moitié
» qui appartient à MM. d'Alençon, faisant pour l'absence
» desdits seigneurs,

» Déclare qu'il retient par admodiation des seigneurs d'A-
» lençon toutes les terres, prés, vignes, moulin, tuilerie,
» cens, redevances et généralement tous les droits dépen-
» dants de ladite baronnie dans tous les villages qui la
» composent, et ce par continuation du bail sous-seing privé
» qui a pris son commencement à la Saint-Georges 1770,
» pour neuf années, moyennant le canon annuel de six mille
» livres cours de Lorraine, dont le 1er paiement s'est fait
» à la Saint-Georges 1774.

» En outre, il appartient auxdits seigneurs d'Alençon deux
» bois situés, l'un à Malaincourt et l'autre à Beaufremont,
» contenant environ, les deux, 600 arpents (1), mesure de
» Lorraine, dont la coupe annuelle est de vingt arpents de
» bois taillis, lesdits 600 arpents situés dans de très-mauvais
» fonds, l'arpent estimé 15 livres 10 sols, cours de Lorraine,
» attendu que le bois n'est pour ainsi dire propre qu'à faire
» des fagots.

» Certifié sincère, Beaufremont 8 juin 1774.

» NICOLAS.

» *Le maire et officier au maire de Beaufremont,*

» CLAUDOT, J. BERRET. »

(1) Ce nombre est inexact, la forêt des d'Alençon à Beaufremont contenait 740 arpents, et celle qu'ils avaient à Malaincourt 70 arpents. Total 800 arpents.

Le revenu de l'arpent de bois étant évalué à 15 livres 10 sous, celui de la coupe entière de vingt arpents était donc de 310 livres qui, ajoutées au canon de six mille livres, donnaient un total de 6,310 livres pour le revenu annuel que les seigneurs d'Alençon tiraient de leur baronnie.

Après avoir fait connaître, d'après le rôle précité, le revenu des seigneurs de Beaufremont, nous allons rappeler de même, le plus succinctement possible, à combien était évalué celui de la communauté et celui de chacun des propriétaires ou fermiers; cette nomenclature donnera une idée de l'état dans lequel se trouvait, quelques années avant la fin du XVIII⁰ siècle, la population de la localité. Il ne sera peut-être pas indifférent à beaucoup de nos concitoyens de retrouver ici ce qu'était alors la fortune particulière de leurs ancêtres.

Évaluation, au cours de Lorraine, du revenu des habitants de Beaufremont en 1774 (1).

La communauté, 442 livres 15 sous (2).

Joseph Berret, 136 livres 16 sous.

Nicolas Berret, 173 livres 5 sous.

Barbe Jacquin, veuve Pierre Guyot, 18 livres 15 sous.

Jean-Claude Pierrot, 31 livres 5 sous.

Claude-Félix Thiébaut, avocat, 82 livres 5 sous.

Antoine Laborde, 103 livres 15 sous.

Jean-Baptiste Curel, 21 livres 12 sous 3 deniers.

Élisabeth La Roche, veuve Élophe Perru, 64 livres 10 sous.

Remy Moyaux, 1 livre 9 sous.

(1) La livre de Lorraine valait 15 sous 5 deniers $\frac{25}{31}$ de France, de sorte que 31 livres de Lorraine valaient 24 livres de France. Un sou de Lorraine valait 9 deniers $\frac{9}{31}$ et un liard 2 deniers $\frac{10}{31}$ de France. On sait que 81 livres de France valent 80 de nos francs.

(2) Ce revenu se composait de 24 arpents de bois, à 15 livres 10 sous, total 372 livres, et de paquis loués pour 75 livres 15 sous, tiers déduit; à déduire encore pour la portion affouagère du seigneur 5 livres, restait donc net 442 livres 15 sous.

Charles-François Claudot, procureur, 10 livres 5 sous.

Jeanne Claudot, veuve Charles-François Moinel, prévôt de Beaufremont, 102 livres 5 sous.

Jean Perrut, admodiateur de madame de Luigné, 194 livres 5 sous.

François-Joseph Nicolas, admodiateur de MM. d'Alençon, 131 livres.

François Larché, 90 livres 15 sous.

Enfants feu Antoine Collin, 45 livres.

Jean Guyot, 74 livres 19 sous.

Thérèse Gaudi, veuve François Bernard, 19 livres 15 sous.

Étienne Guidon, 4 livres 5 sous.

Claude Linard, 39 livres 15 sous.

Pierre Jacquin, laboureur, 56 livres 18 sous.

Jean-Nicolas Berret, manouvrier, 19 livres 10 sous.

Joseph Laborde, manouvrier, 61 livres.

Anne Gourdot, veuve François Thirion, laboureur, 7 livres 5 sous.

Jean-Baptiste Chevillot, garçon majeur, 60 livres.

Antoine Royer, manouvrier, 20 livres 5 sous.

Jean Royer, laboureur, 65 livres.

Anne-Marguerite Nicolas, majeure, 97 livres.

Laurent Drouot, manœuvre, 9 livres 15 sous.

Jean-Nicolas Perrin, avocat à la cour, 79 livres.

Catherine Marot, veuve Antoine Nicolas, admodiateur, 52 livres.

Claude-Félix Thirion, manœuvre, 1 livre 10 sous.

Charles Moyaux, garçon majeur, 8 livres 16 sous.

Jean-Baptiste, Anne-Reine et Françoise Maugras, 4 livres 10 sous.

Joseph Moyaux, tourneur en bois, 18 livres.

Claude Jeanraux, vigneron, 2 livres 10 sous.

Nicolas Graillot, garçon, 15 sous.

Agathe Graillot, 1 livre.

Joseph Graillot, 1 livre 5 sous.

Jean Michel, 5 livres 10 sous.

Hubert Brulet, chanvrier, 4 livres 5 sous.

Joseph Vergne, laboureur, 71 livres 15 sous.

Claude Pierrot, maître tailleur de pierres à Haréville, 2 livres 15 sous.

Claude Perru, marchand à Gendreville, 10 livres 10 sous.

Hubert Mathieu, maréchalf errant à Gendreville, 21 livres 17 sous.

Jean-Baptiste Vergne, laboureur demeurant à Gendreville, 117 livres 15 sous 6 deniers.

Charles-François Raoux, de Monthureux-sur-Saône, pour un gagnage de 6 paires 1/8 de resaux, mesure de Nancy, dont le fermier était Claude-François Thirion, 64 livres 5 sous.

Louis Noël, maître en chirurgie à Morizécourt, pour un gagnage de 3 paires de resaux laissé à Charles-François Laborde, 31 livres 10 sous.

Jeanne Cordier, veuve Claude Lebrun, de Morvilliers, pour un gagnage de 8 paires 1/2 de resaux, dont le fermier était Antoine Laborde, 89 livres 5 sous.

Roussel, conseiller du roi, maire à Neufchâteau, pour un gagnage de 9 paires de resaux, laissé à Claude-François Thirion, 94 livres 10 sous.

Gabriel Maillard, d'Outremécourt, pour un gagnage d'un canon de 50 livres, laissé à Nicolas Berret, son beau-père, 39 livres 13 sous.

Luc Poirot, d'Urville, pour un gagnage de 6 paires de resaux laissé à Jean-Baptiste Curel, 63 livres.

Joseph Mathieu, garçon à Gendreville, 2 livres 15 sous.

Nicolas Papu, maréchal ferrant, 15 sous.

Nicolas de Fer, 10 sous.

Hubert Maugras, 1 livre 1 sou.

Le total de tous ces revenus des propriétaires de Beaufremont, y compris celui de la communauté, s'élevait à 2,910 livres 1 sou 9 deniers.

Toutes leurs propriétés formaient ensemble une contenance de 789 jours de terres labourables, 160 fauchées 1/2 de prés naturels, 13 jours 1/2 de chenevières, 22 jours 1/2 de vignes et environ 5 jours de jardins, sans compter neuf gagnages loués 52 paires 1/2 de resaux et 50 livres monnaie de Lorraine.

L'évaluation du revenu avait été calculée à 1 livre 8 sous pour chaque jour de terre, à 3 livres 10 sous pour chaque jour de prés, vignes ou chenevières, et à 2 livres 8 sous pour chaque jour de vigne. Le blé était évalué à 7 livres

10 sous le resal et l'avoine 3 livres, ce qui faisait 10 livres 10 sous pour la paire, composée d'un resal de blé et d'un resal d'avoine.

Les détails dans lesquels entrent un assez grand nombre des déclarants, nous apprennent qu'outre les impositions pour l'État, ils avaient à payer quatre deniers de cens annuel aux seigneurs du lieu, pour chaque jour de terre labourable, non compris la dîme, évidemment. Ils devaient aussi, mais spécialement sur les chenevières et les jardins, un certain nombre de chapons, de poules et d'œufs, qu'il ne nous est pas possible d'évaluer (1).

Enfin, quelques propriétaires devaient encore diverses rentes, pour des fondations et des donations à l'église, à la fabrique, à la *confrérie des morts,* aux dames de la Congrégation de Neufchâteau (2).

Malgré toutes ces charges supportées par la propriété foncière, la majeure partie de la population de Beaufremont jouissait d'une certaine aisance qui faisait un contraste frappant avec la pauvreté du petit village de Lemmecourt. Pour

(1) Primitivement les héritages chargés de cens ne pouvaient être vendus qu'avec le consentement du seigneur. On suppose que ces cens qui, à la fin, semblaient légers lorsqu'ils étaient payables en deniers, s'approchaient autrefois de la valeur du revenu comme sont aujourd'hui les contributions foncières, mais le changement dans la valeur des monnaies les avait réduits en proportion de l'abaissement de ces valeurs monétaires. Il n'en fut pas de même pour les cens en grains qui restèrent toujours rapprochés plus exactement du revenu. Les cens paraissent être une condition de la concession primitive; ils devaient être portés au logis du seigneur ou à celui de ses préposés, au terme fixé, à peine d'amende, outre les frais. L'héritage, à défaut du paiement du cens, pouvait même être saisi, crié et adjugé au seigneur, après l'avoir fait publier à trois dimanches de suite. Le débiteur pouvait néanmoins y rentrer dans l'année, en offrant le cens et les frais. (*Analyse des coutumes sur le ressort du Parlement de Lorraine,* par Riston, 1782, p. 77 et suivantes.)

(2) Les enfants de feu Antoine Collin devaient 40 fr. de rente annuelle à ces dames.

avoir une idée de la situation des habitants de ce dernier village, il suffira de jeter un coup d'œil sur le résumé qui suit :

Évaluation, au cours de Lorraine, du revenu de la communauté et des habitants de Lemmecourt en 1774.

La communauté (10 arpents de bois à 15 livres 10 sols), 155 livres.

Jean Jacquemin, maître d'école, 14 livres 10 sols.

Claude Vautrin, tixier, 8 livres.

Jean Hierle, 1 livre 10 sols.

Jeanne Berlier, veuve Jean Henriot, 2 livres 10 sols.

François Barrois (absent), représenté par Charles-François Claudot, curateur aux absents en la baronnie de Beaufremont, partie des d'Alençon, 10 livres 15 sols.

Jean Laval, charron, 15 livres 5 sols.

Jean-Joseph Crepel, 12 livres 10 sols.

Reine Délin, 1 livre.

Nicolas Méon, manœuvre, 3 livres 15 sols.

'François Méon, manœuvre, 22 livres 10 sols.

Jean-François Poirson, 15 sols.

François Poirson, laboureur, 1 livre.

Jean-Nicolas Dargent, 11 livres 5 sols.

Marie Henrion, veuve Joseph Perru, 5 sols.

Marguerite Langlois, veuve Jean Reitre, d'Aingeville, 5 livres.

Claude-François Thiébaut, avocat à Beaufremont, pour une mazure et un champ loués à Riollet, 5 livres 15 sols.

Nicolas Bator, meunier à l'Étanchotte, 7 livres 15 sols.

François Délin, charpentier à Érise-Saint-Dizier, 1 livre.

Jean Délin, tuilier à Morville, 10 livres.

Le total du revenu des habitants de ce village pauvre ne monte qu'à 135 livres, et seulement à 290 livres en y comprenant le revenu de la communauté. Toutes leurs propriétés consistaient en 59 jours de terres, 5 fauchées de prés, 1 jour 1/4 de chenevières, un demi-jour de jardins et environ un demi-jour de vignes.

On a dû remarquer que les tableaux qui précèdent ne

contiennent que les noms des possesseurs du sol ; quelques
autres habitants, soit de Beaufremont, soit de Lemmecourt,
n'avaient d'autres ressources pour vivre qu'un travail journalier peu rétribué ; ils n'en étaient pas pour cela exempts
des redevances féodales, car les corvées pour le compte des
seigneurs sous la protection desquels ils vivaient, leur en-
levaient de temps à autre, comme aux propriétaires, un
ou plusieurs jours de travail.

Pour ne plus revenir sur ce sujet, nous insérerons ici
ce que la tradition et les plus anciens vieillards de Beaufremont nous apprennent de ces corvées et de quelques
autres droits seigneuriaux auxquels furent assujettis, jusqu'en
1789, les habitants de Beaufremont et de sa baronnie (1).

Corvées imposées aux cultivateurs.

Chaque cultivateur de Beaufremont devait à son seigneur
ou à l'amodiateur, quand, par les conditions du bail, ce
dernier était substitué au seigneur, comme cela existe dans
les derniers baux que nous connaissons :

Une journée de charrue pour les semailles dites de carê-
mage ou du printemps ;

Une autre journée pour verser ou jachérer, c'est-à-dire
donner, en avril, le premier labour aux terres de la saison
des versaines ;

Une troisième journée pour biner, ou donner un second
labour à ces mêmes terres en jachère, vers le mois de
juillet ;

Enfin, une quatrième journée pour les semailles d'automne.

Il lui devait en outre plusieurs charrois pour la conduite
du bois et des diverses récoltes au château.

(1) Ces renseignements sont dus à M. Mourot, curé de Beaufremont, et
à M. N. Laborde, qui les ont recueillis eux-mêmes de vieillards respectables
et dignes de foi.

Corvées des manouvriers.

Chaque manouvrier devait les corvées de bras dont le détail suit :

Une journée de faulx ou de fourche à la fenaison ;

Une journée pour cueillir les chanvres* ;

La première et la dernière journée de la moisson pour le faucillage ou les autres travaux de la récolte des grains ;

Une journée pour la plantation, la culture ou la récolte des pommes de terre, et certainement aussi une journée pour la vendange.

Les cultivateurs et les manouvriers étaient prévenus la veille pour les travaux à exécuter le lendemain. Quand ils ne travaillaient pas pour les corvées de droit, mais à la journée, pour leur seigneur, ils recevaient ordinairement en payement :

Les hommes, un pain du poids de cinq livres ;

Les femmes, un pain de deux livres.

La tour dite des *Michottes* était revêtue de pierres taillées en bosses imitant assez la forme de petites miches ; c'était, dit-on, autant d'échantillons de la grosseur des pains que recevait chaque individu pour son travail quotidien.

Les propriétaires ne pouvaient mettre la faucille dans leurs champs avant le jour fixé par le seigneur pour l'ouverture des moissons ; le seigneur désignait même les héritages par lesquels on devait commencer et, pour que le paulier (celui qui prélevait la dîme) pût faire plus régulièrement sa besogne, on était obligé de moissonner tous en même temps dans la même partie du territoire. Les bans que l'on met encore aujourd'hui pour la fixation du jour de l'ouverture des vendanges, nous paraissent avoir la même origine féodale : ils étaient évidemment une conséquence de l'obligation où était chaque possesseur de vignes d'aller pressurer ses raisins au pressoir du seigneur.

Il était expressément défendu de mener paître aucun bétail sur les prairies ou sur les étroubles (chaumes des moissons), avant que le troupeau du seigneur y fût passé.

Chaque seigneur avait un grand four banal, situé dans la cour de son château. Les habitants, selon leur dépendance de l'un ou de l'autre des seigneurs, étaient obligés d'aller cuire leur pain à l'un ou à l'autre de ces fours, moyennant redevance.

La communauté de Beaufremont et les autres villages de la baronnie avaient de tout temps fourni, entretenu et payé une garde de sûreté aux seigneurs. On assure que cet usage subsista jusqu'à l'abolition des privilèges féodaux.

Élisabeth-Thérèse d'Alençon, marquise de Villers, baronne de Beaufremont.

François-Joseph d'Alençon, chevalier, seigneur et baron de Beaufremont, frère puîné de Jean-Baptiste, comte d'Alençon, avait épousé Barbe-Magdeleine-Françoise de Giffart, dont il eut plusieurs enfants, et entre autres Élisabeth-Thérèse d'Alençon qui, probablement par suite d'arrangements de famille, devint baronne de Beaufremont.

Élisabeth-Thérèse d'Alençon naquit à Charny-sur-Meuse le 29 juillet 1736, et y fut baptisée le jour même de sa naissance ; elle eut pour parrain son frère Charles-Joseph-Xavier d'Alençon, et pour marraine demoiselle Élisabeth-Michel de Giffart d'Haneucourt, sa grand'tante maternelle, représentée par sa sœur, Marie-Anne-Françoise d'Alençon (1).

S'il est vrai de dire que l'éducation forme le caractère,

(1) Ces particularités nous sont fournies par l'acte de naissance même d'Élisabeth-Thérèse d'Alençon, que M. Laurent, instituteur à Charny, a bien voulu rechercher dans les archives de cette commune, et nous adresser en copie.

nos concitoyens conviendront que celle qui fut donnée à la
dernière baronne de Beaufremont, ne fut point au-dessous
de l'élévation à laquelle était parvenue sa famille. Dans le
cours d'une longue carrière, bien des épreuves lui étaient
réservées : douée d'une âme forte, elle les supporta toutes
avec courage et dignité, sans que la bonté de cœur qui lui
était naturelle en fût jamais altérée.

Arrivée à l'âge d'entrer dans le monde, sa naissance et
peut-être aussi la position de ses parents dans l'armée française, lui procurèrent pour époux un militaire : haut et
puissant seigneur messire Jean-Achille-René Romain le
Tirant, marquis de Villers, ancien capitaine au régiment
du roi, infanterie, chevalier de l'ordre royal de Saint-Louis.

Mais ce mariage semble n'avoir pas été heureux : en 1773,
les deux époux, privés d'héritiers directs, n'habitaient déjà
plus ensemble, et le marquis de Villers, par une procuration en date du six août, reçue par MM^{es} Lebrun et Trichard,
notaires à Vernon, autorisait la haute et puissante dame
pour « la poursuite de ses droits et l'administration de ses
biens, » comme elle l'entendrait, ce qu'elle fit en effet dès
lors et tant qu'elle vécut.

Le premier des motifs pour lesquels était faite cette procuration indique certainement qu'à la date où elle fut délivrée, Élisabeth-Thérèse d'Alençon avait à faire valoir ses droits
à la succession de son père ; bientôt après, la baronnie des
d'Alençon à Beaufremont ne reconnaissait plus d'autre seigneur qu'elle, et les actes de leur tabellionnage et de leur
justice s'y faisaient par ses officiers.

Nos vieillards nous apprennent que cette dame résida souvent
à son château de Beaufremont, beaucoup mieux conservé
que celui de M. le comte de Neuilly ; ses domestiques étaient
de la localité, et nous avons encore connu une vieille servante
qui lui fut très-attachée.

On a vu plus haut, que, le 20 mars 1787, de concert
avec l'amodiateur du comte de Neuilly, elle avait souscrit,
dans ce château, un bail de neuf années en faveur du meu-

nier Bator, pour le moulin de l'Étanchotte, moyennant un
canon annuel de 215 livres 10 sous, cours de Lorraine, et
quatre chapons. Un rôle que nous avons pu consulter aux
archives de la préfecture des Vosges, nous apprend que.
de 1780 à 1789, la totalité de ses biens, usines, droits
seigneuriaux, tant à Beaufremont, Lemmecourt, une partie
de Landaville-le-Bas, Gendreville, Médonville, Malaincourt,
Urville, qu'à Darney-aux-Chênes, Senaide, Rosières, Blevaincourt, était affermée pour une somme de 4,685 livres
5 sous, cours de France; les coupes qu'elle faisait dans ses
forêts de Beaufremont et de Malaincourt étaient de 20 arpents évalués à 33 livres l'un : 660 livres en totalité; ce qui
lui procurait un revenu annuel de 4,705 livres 5 sous, les
trois vingtièmes déduits.

A cette même époque, le revenu des biens communaux,
bois et paquis de Beaufremont, s'élevait à 540 livres 15 sous,
dont 5 livres à déduire pour l'affouage du seigneur, et le
revenu des 87 habitants ou étrangers portés au rôle, non
compris celui des biens ecclésiastiques, à un total de 2,994 livres
2 sous, somme de beaucoup supérieure à celle qu'avaient donnée
les déclarations de 1774. A Lemmecourt, la situation des
habitants ne s'était pas améliorée : le revenu de la communauté était de 186 livres, produit de ses bois; celui des propriétaires, de 135 livres 15 sous, en totalité (1).

Puisque nous venons de parler des bois de nos communautés, c'est peut-être ici le lieu de dire que dans toute
la baronnie de Beaufremont, le partage des affouages se
faisait, comme aujourd'hui, d'après le nombre de feux (2),
par un tirage au sort des portions, et conformément à

(1) Voir les rôles de l'abonnement des trois vingtièmes pour le Barrois,
aux archives des Vosges, carton C., 15.

(2) A l'époque de la révolution, ce partage eut lieu, pendant quelques
années, par individus, c'est-à-dire proportionnellement au nombre de
personnes de chaque famille.

l'article 5 de la déclaration du 13 juin 1724, où le bon duc Léopold disait : «.... voulons que sans distinction toutes les » portions de chauffage des bois communaux soient égales, » et que les pauvres en ayent autant que les riches, ce » qui sera pareillement observé dans le partage des fruits » et revenus communs ; réservons néanmoins aux seigneurs » hauts-justiciers une double part, tant de chauffage que » des fruits et usages communaux, et de laquelle double » portion leurs fermiers ou admodiateurs jouiront à leur ab- » sence, et sans préjudice au droit de tiers denier en cas » de vente (1). »

En 1783, Beaufremont avait 80 feux, Lemmecourt 20, Gendreville 136, Médonville 108, Malaincourt 68 et Urville 101.

Cette dernière commune toutefois n'avait pas d'affouage à délivrer. Onze ou dix-huit arpents de bois qu'elle possédait autrefois en deux pièces, entre le bois des Corrois et le chemin d'Outremécourt, étaient devenus improductifs et n'offraient plus que l'aspect de friches, lorsque le 18 avril 1776, Jean Laval, arpenteur en la baronnie de Beaufremont, résidant à Lemmecourt, se rendit sur les lieux, à la réquisition des syndic, maire et habitants d'Urville, pour, ensuite d'un décret obtenu de M. l'intendant, partager le terrain afin qu'il pût être converti en terres labourables au profit de la communauté (2).

Mentionnons encore ici un procès qui eut lieu vers 1790, entre la communauté de Lemmecourt et madame la marquise de Villers, à l'occasion de la limite de leurs forêts. A la suite de ce procès, cette limite fut fixée à l'avantage de la communauté qui y gagna plusieurs arpents dans le bois appelé encore aujourd'hui *le Bois-retiré*, entre le sentier qui conduit à Jainvillotte et la ligne où furent reconnues les anciennes et posées les nouvelles bornes de séparation de la forêt seigneuriale et de la forêt communale.

(1) *Recueil des ordonnances de Léopold*, t. 5, p. 44.
(2) Archives de la préfecture des Vosges, carton E, 49.

Nous voici arrivé à la grande révolution qui, dès le début, porta l'inquiétude, puis successivement l'agitation, le trouble et la terreur jusque dans les localités les plus obscures, et ne se termina qu'après avoir bouleversé totalement l'ancien ordre social. Vingt ans plus tard, les jeunes gens de nos campagnes ne se faisaient déjà plus une idée nette de l'ancien état de choses, et nous y avons vu souvent depuis écouter avec un air de doute ce que les vieillards, qui l'avaient vu, en racontaient.

Ne pouvant passer sous silence les événements de cette époque malheureuse, nous les rapporterons sans commentaires; disons seulement que si, dans l'ancienne baronnie de Beaufremont, il se trouva, comme partout ailleurs, des individus qui manquèrent de dignité, la conscience publique porta aussitôt sur leurs actes la désapprobation la plus énergique; et si, dans de tristes circonstances, les hommes de cœur se trouvèrent quelquefois obligés d'agir avec prudence, nous n'avons jamais entendu exprimer qu'aucun d'eux eût courbé le front devant la violence ou l'injustice.

L'ouverture des états-généraux de 1789 eut lieu le 5 mai, et ce jour fut réellement le commencement de la révolution. Convoqués pour rechercher seulement les moyens de combler le déficit toujours croissant des finances, ils prirent bientôt la dénomination d'*Assemblée nationale constituante*, sous laquelle ils exercèrent les actes d'une autorité illimitée.

Le 4 août, cette assemblée abolissait tous les droits féodaux, les justices seigneuriales et les priviléges; quelques jours après, elle supprimait les dîmes ecclésiastiques, et le 2 novembre, elle mettait les biens du clergé à « la disposition de la Nation pour en faire tel usage que le besoin des finances l'exigerait. » Six semaines plus tard, on mit de ces biens en vente pour 400 millions. C'est ce qu'on appelle les biens nationaux de première origine.

Pour comprendre l'effet que produisirent dans la baronnie de Beaufremont ces divers décrets, en ce qui concernait les biens du clergé, voyons d'une manière sommaire quels étaient ces biens en 1790.

Beaufremont. Le curé de Beaufremont possédait 7 jours 1/4 de terre (1) évalués à un revenu annuel de 11 livres 5 sous ; 6 fauchées 1/2 de prés, revenu 22 livres 15 sous ; d'autres prés affermés 62 livres, revenu, le 1/10e déduit, 55 livres 15 sous ; une vigne de 2 jours et 18 toises, revenu 5 livres ; et des dîmes affermées 623 livres 10 sous. Le revenu total de cette cure était donc de 718 livres 5 sous, monnaie de France.

Les chapelains de Beaufremont avaient des dîmes affermées pour un revenu net de 155 livres, et la fabrique (2) des biens aussi affermés, pour 64 livres 15 sous, produisant le 1/10e déduit, un revenu net de 57 livres 15 sous.

Lemmecourt. Le bouvrot du curé de Lemmecourt se composait de 11 jours de terre : revenu 16 livres 10 sous ; deux fauchées 1/2 de prés (3) : revenu 7 livres 17 sous 6 deniers ; ses dîmes étaient estimées à 10 paires, évaluées à un revenu de 12 livres l'une. Revenu total 144 livres 10 sous.

Gendreville. La cure de Gendreville jouissait d'un revenu de 1026 livres 5 sous, provenant de 48 jours de terre, 6 fauchées de prés, 1 jour 1/2 de vignes et de dîmes estimées 912 livres.

La fabrique de la paroisse possédait 1 jour 1/2 de terre, 6 fauchées 1/2 de prés, plus 1 jour 3/4 de chenevières : revenu total 67 livres.

(1) Ces 7 jours 1/4 de terre furent vendus le 20 février 1791 pour la somme de 1,400 livres. — 1 jour de terre au sentier d'Aulnois, un autre sous les vignes, saison du Colombier, 11 fauchées de prés et la vigne, aussi du bouvrot de la cure de Beaufremont, furent vendus 4,350 livres, le 11 avril 1791. La vigne avait été donnée autrefois au curé pour fournir le pain et le vin des messes pendant toute l'année, à la décharge des paroissiens.

(2) La fabrique de Beaufremont possédait un gagnage de 6 jours 3/4 de terre et 2 fauchées de prés qui furent vendus 1,500 livres, le 5 décembre 1791. Cette fabrique avait aussi, à Roncourt, un petit bouvrot qui fut vendu 355 livres (15 décembre 1791).

(3) Les 11 jours de terre et les 2 fauchées 1/2 de prés composant le bouvrot de la cure de Lemmecourt furent vendus le 15 juin 1791, à demoiselle Marie-Thérèse Blanchelaine, veuve Grosjean, pour 1,500 livres. (Carton 126, n° 1770.) Les commissaires de Lemmecourt avaient été avertis pour cette vente, mais ils n'y figurèrent que par leur absence.

La fabrique des Trépassés avait des prés loués, le dixième déduit, 12 livres 10 sous.

Une fondation faite en faveur des pauvres du lieu avait des biens affermés 242 livres 5 sous : revenu, le 1/10e déduit, 218 livres.

Les titulaires de la chapelle Saint-Charles possédaient 3 jours de terre et une fauchée de prés : revenu 10 livres 15 sous.

Enfin l'abbaye de l'Étanche avait des prés loués 38 livres 15 sous : revenu net 35 livres (1).

Médonville. Le curé de Médonville possédait 17 jours de terre, 3 fauchées 1/2 de prés, 1 jour 1/2 de vignes et trois chenevières : revenu net 108 livres.

La fabrique Notre-Dame avait 10 jours de terre, 5 fauchées 1/2 de prés et une ou plusieurs chenevières : revenu total 62 livres 5 sous.

La confrérie des Trépassés possédait 10 fauchées de prés : revenu 57 livres 10 sous.

La confrérie du Saint-Sacrement avait des biens loués pour 27 livres, 9 fauchées de prés et du terrain en chenevières : revenu total 82 livres.

Enfin les pauvres de Médonville jouissaient d'un revenu de 32 livres 10 sous (2).

Malaincourt. L'évêque de Meaux avait à Malaincourt, des dîmes affermées 1,150 livres, sur lesquelles il fallait déduire un resal de blé de 11 livres : revenu net 1,139 livres ;

---

(1) Le 15 avril 1791, les héritages composant le bouvrot de la cure de Gendreville furent vendus 6750 livres. Les biens de la fabrique de cette paroisse, divisés en deux lots, furent vendus, le premier lot, pour la somme de 640 livres, le 21 avril 1792, et le second lot, le 26 mai suivant, pour la somme de 5475 livres. Le 31 décembre 1791, l'ermitage de Saint-Charles et ses dépendances avaient été vendus 1065 livres, et les prés de l'abbaye de l'Étanche, 855 livres.

(2) Les héritages composant le bouvrot de la cure de Médonville furent vendus 5250 livres (15 avril 1793). La vente des biens de la fabrique eut lieu en deux lots ; le premier fut vendu 4050 livres et le second 2600 livres (15 décembre 1791). Les biens de la confrérie des Trépassés étaient vendus, le même jour, pour la somme de 2400 livres ; et un autre gagnage de fondation, 1275 livres.

M. le commandeur de Robécourt, 11 jours de terre et six fauchées de prés : revenu 45 livres 15 sous.

Le curé de Médonville, des dîmes affermées 600 livres et un bouvrot de 7 paires : revenu net 633 livres 10 sous.

Les bénédictins de Saint-Mihiel, des dîmes affermées 48 livres.

Les titulaires des chapelles Saint-Nicolas et de la Magdelaine de Beaufremont, 1 fauchée 1/2 de pré : revenu 7 livres 5 sous.

La fabrique Saint-Laurent de Malaincourt, 2 jours de terre, 4 fauchées 1/2 de prés et un resal de blé : revenu net 42 livres.

La fabrique du Saint-Sacrement, 5 fauchées 3/4 de prés : revenu 57 livres 5 sous.

Enfin la fabrique des Trépassés, 11 fauchées de prés : revenu 52 livres 5 sous (1).

Urville. La cure d'Urville possédait 24 ou 25 jours de terre, 7 fauchées de prés, 1 jour de vignes, le tout d'un revenu net de 80 livres 5 sous.

La fabrique avait des biens affermés 48 livres (net 43 livres 5 sous) et 16 fauchées de prés à 5 livres 15 sous : revenu total 135 livres 5 sous.

La fabrique Sainte-Odde de Saint-Ouën, des terres affermées 9 livres, et 3 fauchées de prés : revenu 25 livres 5 sous.

Le chapitre de Poussay, des biens fonds provenant de l'ancien chapitre de la Mothe, affermés 32 livres 8 sous et des dîmes estimées 350 livres : total 382 livres 10 sous (2).

(1) Le gagnage que l'ordre de Malte possédait à Malaincourt fut vendu 6100 livres ; un gagnage d'une fondation 11500 livres (15 décembre 1792) ; le bouvrot de la cure 975 livres (15 avril 1791) ; les biens de la fabrique Saint-Laurent 2125 livres ; ceux de la fabrique du Saint-Sacrement 1650 livres ; ceux de la fondation pour les Trépassés 2525 livres, et les prés d'une autre fondation 1775 livres (15 décembre 1792.) *Voir le Tableau des ventes des domaines nationaux, effectuées dans les Vosges (district de Neufchâteau), en exécution des lois antérieures à celles du 28 ventôse an 4.* Archives de la préfecture, liasse Q, n° 171.

(2) Le 2 mai 1515, Gauthier, sire de Beaufremont, avait vendu ou cédé au chapitre de la Mothe, la moitié des cinq sixièmes des grosses dîmes d'Urville et les deux tiers des menues dîmes.

Le receveur de la fondation faite en faveur des pauvres dudit Urville percevait le revenu de biens affermés 67 livres 15 sous, ou, le 1/10° déduit, 61 livres (1).

Le revenu annuel des biens ecclésiastiques qui viennent d'être énumérés était donc, en dîmes, de 3,792 livres, et pour les biens fonds de 1674 livres 15 sous ; mais il est facile de remarquer que cette énumération doit être incomplète : en effet, en ce qui concerne les dîmes, elle ne donne pas celles du curé et des établissements religieux pour Médonville, à moins qu'elles ne soient comprises dans celles de Malaincourt, et elle ne dit pas non plus à combien s'élevaient les dîmes de la cure d'Urville. Quant aux biens fonds, nous ne voyons qu'une rectification à faire, elle concerne les biens des pauvres d'Urville, situés non-seulement à Urville même, mais encore sur les bans voisins et notamment à Lemmecourt. Ils formaient un gagnage de cette dernière commune affermé par bail du mois d'avril 1787, pour neuf ans, moyennant le canon annuel de 192 livres de France, et furent vendus le 10 thermidor an 3, pour la somme considérable de 70,000 livres (2).

En réfléchissant à l'origine de tous ces biens, on peut conjecturer, et plusieurs fois nous en avons donné la preuve, qu'ils avaient été donnés pour la plupart au clergé, aux églises et aux pauvres, par les anciens seigneurs de Beaufremont dont la générosité ne peut être mise en doute. Ils eurent tous le sort qui leur était réservé par les décrets de la Constituante, les dîmes furent supprimées et les terrains vendus au profit de la Nation. Les pauvres auraient pu n'être pas dépossédés, ils durent se résigner, et leurs dépouilles, comme celles du clergé, allèrent enrichir quelques acquéreurs qui les payèrent, sans trop de gêne, en assignats plus ou moins dépréciés.

(1) Extrait des rôles d'abonnement déposés aux archives de la préfecture des Vosges, carton C 15.
(2) Archives des Vosges, liasse 16°, n°ˢ 274 et 277.

Avant la vente, qui se faisait par-devant les commissaires du Gouvernement, l'estimation des propriétés était calculée d'après le revenu que l'on multipliait par 22 pour les champs, prés et vignes, et par 18 pour les maisons et les constructions en général. Mais il arrivait souvent que le prix d'adjudication dépassait de beaucoup cette évaluation.

Pendant que se poursuivait la vente de ces biens, l'Assemblée nationale supprimait les ordres religieux (13 février 1790) et décrétait la *constitution civile* du clergé (12 juillet), à laquelle elle exigeait ensuite que tous les ecclésiastiques prêtassent serment. Quelques articles de cette constitution portaient atteinte à la discipline et à la hiérarchie de l'Église ; néanmoins, pressés par les événements et animés d'un esprit de conciliation, beaucoup de nos prêtres prêtèrent d'abord ce serment, mais dès qu'ils eurent réfléchi et qu'ils connurent toute la portée de cet acte, ils se rétractèrent publiquement, devant leurs paroissiens, dans les églises, et préférant l'exil au schisme, quelques-uns prirent tristement le chemin de la terre étrangère. M. Baudot, curé de Lemmecourt depuis quelques mois seulement, fut de ce nombre ; M. Marchal, curé de Beaufremont, vieillard vénérable, resta à son poste, mais il n'y fut pas longtemps paisible : dénoncé comme prêtre non assermenté, il fut saisi et emmené à Epinal où, pendant deux ans, il subit, à l'hospice des orphelins, une détention qui se prolongea, non sans angoisses, jusque vers le 1er germinal an 3 (22 mars 1795.)

A la place des prêtres légitimes, on vit bientôt arriver des intrus, dits *prêtres constitutionnels,* qui, pour ne pas mourir de faim, prêtèrent serment à la Constitution et acceptèrent les cures vacantes ou abandonnées. La plupart étaient des moines sortis des couvents partout abolis. Ces pauvres prêtres ne reçurent pas grand accueil chez nos populations : on n'assistait pas à leurs offices religieux, et les enfants mêmes se refusaient à servir leurs messes. Las d'un ministère qui ne leur rapportait rien et du peu d'égards qu'ils obtenaient dans nos villages, ils s'y succédèrent de temps à autre jusqu'à l'abolition complet du culte, mais nul ne put réellement s'y fixer (1).

Cependant, la religion restait vivace chez nos pères, et les prêtres fugitifs qui étaient demeurés dans le pays trouvèrent maintes fois chez eux une généreuse hospitalité. La population de Lemmecourt se fit surtout remarquer, dans ces temps de triste mémoire, par son dévouement envers eux, et, quand il ne lui fut plus possible de les garder dans le village, elle trouva encore un moyen de les soustraire aux recherches incessantes et passionnées dont ils étaient l'objet.

A environ 1500 mètres du village, au milieu de la forêt de Moyemont, dans un lieu désert, s'élève un énorme rocher : c'est Chèvre-Roche. Une ouverture basse s'y prolonge par une crevasse étroite et sinueuse, et conduit à une caverne assez spacieuse, qui se rétrécit bientôt pour s'élargir de nouveau et former comme une seconde chambre moins vaste que la première, mais plus allongée et dont l'étendue se continue dans l'intérieur du rocher. Le silence et l'obscurité ou la pâle lueur d'une lampe, au milieu de cette caverne, remplissent d'effroi les visiteurs assez hardis pour y pénétrer. La vue de l'espace parcouru fait craindre que la fissure servant d'entrée ne se resserre subitement ou que les voûtes ne se détachent, événement dont chaque goutte d'eau que l'on entend tomber de temps à autre semble être le présage ; alors on recherche la sortie que l'on ne rencontre pas toujours immédiatement, et qui est souvent pénible parce qu'elle est précipitée : il est rare qu'en cette circonstance, un cri ne vienne trahir une terreur que l'on voudrait en vain dissimuler,

---

(1) On raconte qu'un de ces intrus envoyé à Lemmecourt, fut d'abord tout déconcerté en voyant le village ; arrivé auprès de l'église, il ne put s'empêcher de s'écrier : « Oh ! quelle petite église ! » une femme qui se trouvait sur le seuil de sa porte l'ayant entendu, répondit aussitôt : « L'ot bin essé grande pon le diabe que va y ontret (a). » Témoignage de sympathie bien peu rassurant.

(a) Elle est bien assez grande pour le diable qui va y entrer.

mais qui néanmoins est bientôt atténuée par la sensation de
l'air extérieur dont on commence à sentir le contact.

Tel fut le dernier refuge que les habitants de Lemmecourt
surent découvrir pour conserver la liberté et la vie de plusieurs
prêtres poursuivis par la persécution, et ces hommes inoffensifs
passèrent des semaines entières, nuit et jour, dans les flancs
de ce rocher où les bêtes féroces n'avaient peut-être jamais
osé s'aventurer.

Aidés par nos bons paysans, tandis que la seconde cavité
leur servait de dortoir, ils établirent dans la première et
avec des pierres brutes, un autel encore existant, sur lequel
ils purent en sûreté, offrir chaque jour le Saint-Sacrifice de
la messe, en présence de personnes dévouées qui venaient,
par des sentiers détournés de la forêt, les visiter, les consoler,
leur apporter des vivres et des nouvelles du dehors. Parmi
ces personnes, une jeune fille d'alors, aujourd'hui septua-
génaire, raconte encore avec une émotion qu'elle sait faire
partager, les voyages qu'elle fit quelquefois à la caverne,
chargée du panier de vivres que ses parents y envoyaient.
Elle était prévenue, en cas de surprise, d'employer d'in-
génieuses ruses, mais Dieu protégeait son innocence, et
jamais elle ne fit de rencontres fâcheuses. Sa piété naissante
reçut même une récompense bien flatteuse, car elle eut le
bonheur, ainsi que plusieurs autres enfants de Lemmecourt,
de faire sa première communion dans l'asile des confesseurs
de la foi : c'était le 2 février, jour de la Purification.

Lorsqu'après le 9 thermidor, la France put respirer, et
que la religion et ses ministres entrevirent de meilleurs jours,
les refugiés de Chèvre-Roche cessèrent de se cacher, mais ils
n'oublièrent jamais les instants qu'ils avaient passés dans cette
caverne, et encore moins le dévouement de la population de
Lemmecourt.

Le terme de la détention du respectable M. Marchal était
aussi arrivé, il demanda à rentrer à Beaufremont, ce qu'il
obtint ainsi que le constate la pièce suivante délivrée par
un officier de la municipalité :

« L'an 3 de la République, neuf germinal, avant midi, s'est
» présenté au greffe de la municipalité de Beaufremont, Charles-
» François Marchal, ci-devant curé de Beaufremont, lequel a déclaré
» qu'ayant obtenu sa liberté de l'administration du district d'Épinal...
» pour sortir de la maison de détention où il résidait depuis près
» de deux ans, et qu'il demande à habiter Beaufremont, nous lui
» avons accordé sa demande, etc. (1). »

Quelques mois plus tard, l'abbé Marchal reprenait publiquement l'exercice de ses fonctions, après en avoir fait la
déclaration, ce qui est aussi constaté par le certificat suivant :

« Extrait des registres du greffe de la municipalité de Beaufremont. — Aujourd'hui 23 messidor de l'an 3 de la République
française une et indivisible, est comparu au greffe de la commune
de Beaufremont, le citoyen Charles-François Marchal, y demeurant,
lequel a déclaré qu'il se propose d'exercer le ministère d'un culte
connu sous la dénomination de Culte catholique, dans l'étendue
de cette commune, et a requis qu'il lui soit donné acte de sa
soumission aux lois de la République ; de laquelle déclaration il
lui a été donné acte, conformément à la loi du 11 prairial de l'an 3,
et a signé : Marchal.

» Expédié à l'instant par moi secrétaire-greffier de la municipalité.

Jn-Joseph TRESSE » (2).

La paroisse de Beaufremont ne devait pas longtemps jouir
de la présence de son ancien pasteur, qui mourut le 4 fructidor
an IV. Une simple pierre, sans ornement, posée dans le
mur de l'église, à gauche de l'autel Saint-Grat, porte
l'inscription suivante, destinée à perpétuer le souvenir de ce
bon prêtre :

(1) Communication de M. Mourot, curé actuel de Beaufremont.
(2) *Ibid.* Voir les mêmes pièces aux archives des Vosges, où il en existe
une semblable, du 27 messidor an 3, concernant Claude-François Grosjean,
curé de Gendreville.

Cy git,
De vénérable mémoire,
Mr Cha.-Fran. Marchal,
curé de Beaufremont,
qui, après avoir gouverné cette
paroisse pendant 22 ans en
véritable pasteur, y décéda
prêtre confesseur de la foy, le
4 août 1796 (1), dans les sentiments
de la plus ardente charité pour
ses paroissiens et de la plus humble
résignation au milieu des
afflictions qu'il avait à
éprouver dans ces temps
malheureux pour la religion.
Puisse le souvenir de ses bienfaits,
de ses instructions, de ses exemples
et de ses vertus, ne s'effacer jamais
dans cette paroisse et servir à son
édification. Ainsi soit-il.

La conduite prudente et modérée de nos laborieux campagnards avait singulièrement atténué les maux que la révolution aurait pu attirer, dans nos villages, sur la religion et sur les prêtres; nos églises, il est vrai, furent dépouillées de leurs ornements et converties en lieux de réunion pour la lecture des lois et des décrets de l'époque et même pour d'autres assemblées plus ou moins édifiantes et bruyantes, mais la plupart de ces ornements avaient été cachés à temps dans des maisons particulières, et se retrouvèrent intacts au rétablissement du culte : les clochers seuls avaient perdu sans retour deux de leurs cloches à Beaufremont (2), à

(1) Cette date est une erreur, car le 4 fructidor an IV répond au dimanche 21 août 1796, le 4 août répondrait au 17 thermidor.
(2) La refonte des cloches de Beaufremont avait eu lieu en 1782, celle de Gendreville en 1781 et celle de Médonville en 1775.

Gendreville et à Médonville ; elles étaient allées en rejoindre une foule d'autres soit pour se convertir bientôt en canons et faire entendre ensuite partout la voix victorieuse des armées françaises, soit pour servir à la fabrication de cette monnaie si connue qui, frappée avec tous les défauts de la précipitation, devait cependant, bien mieux que les assignats, procurer du pain à nos soldats et à nos populations.

Revenons maintenant aux faits qui, en détruisant la baronnie de Beaufremont, eurent pour résultat final l'anéantissement de l'importance que la féodalité avait conservée à ce village pendant près de huit siècles, et peut-être davantage. Si la révolution le ménagea encore quelque peu, nous devons dire que, depuis lors, il a été totalement dépouillé, car on a fini par ne plus lui laisser qu'un simple et improductif bureau de tabac !

Le décret du 4 août 1789, en abolissant les droits féodaux et surtout les justices seigneuriales, avait porté une vigoureuse atteinte aux liens intimes qui unissaient nos villages ; celui du 15 janvier 1790, en créant une nouvelle division de la France, acheva de détruire ces liens. Depuis plusieurs années déjà, Beaufremont était considéré comme un des chefs-lieux de canton de la subdélégation de Neufchâteau ; à la suite du nouveau décret, il devint le chef-lieu de l'un des dix cantons du district de la même ville ; mais sa circonscription qui pouvait, avec avantage et sans nul inconvénient, être maintenue dans les limites de l'ancienne baronnie, fut entièrement changée : elle se composa des municipalités de Beaufremont, Brechaincourt et Villars, Certilleux, Circourt, Jainvillotte, Lemmecourt, Landaville haut et bas, Pompierre, Sartes et Tilleux, villages dont les populations étaient sinon étrangères, du moins peu connues les unes aux autres, n'ayant jamais eu entre elles de rapports directs.

Les municipalités d'Aulnois, Gendreville, Malaincourt, Médonville et Roncourt furent données au canton de Bulgnéville ; Urville fit partie du canton de Vrécourt.

Le premier juge de paix du canton de Beaufremont fut M. Bossu, de Jainvillotte (1), homme modéré, ferme et intègre, qui, par sa popularité, sa droiture et ses lumières, inaugura dignement des fonctions qui demandent surtout les qualités qu'il possédait. Il eut pour successeur M. Godard. Ce dernier habitait l'ancien presbytère de Lemmecourt; il fut ensuite et pendant quarante ans, juge de paix à Bulgnéville, et, pendant une aussi longue magistrature, il sut constamment mériter la confiance et l'estime de ses administrés. Le premier juge de paix de Bulgnéville avait été le citoyen Dominique Thouvenel, de Médonville, dont le successeur immédiat fut M. Mamelet.

Cette belle institution des justices de paix, si populaire aujourd'hui, fut malheureusement alors, comme toutes les autres, impuissante à ramener, parmi les populations surexcitées, le calme avec lequel pouvaient se produire toutes les améliorations sociales que les hommes bien intentionnés désiraient obtenir.

Il s'en fallait bien que l'abolition des anciens priviléges, des titres de noblesse et des distinctions honorifiques fût reçue partout avec indifférence : d'inutiles résistances jointes à l'effervescence causée par les mots de *Liberté* et d'*Égalité*, jetés partout, plutôt comme une menace que comme un appel à des sentiments généreux, produisirent leur effet jusque dans les plus petites localités; bientôt, après s'être attaqué d'abord aux abus, on s'attaqua aux propriétés et même aux personnes, de sorte que quelques nobles, ne se trouvant plus en sûreté sur le territoire français, commencèrent l'émigration et provoquèrent ainsi des mesures de plus en plus rigoureuses qui obligèrent presque toute la noblesse à s'expatrier.

Nous avons dit ailleurs que la veuve du comte de Brunet-Neuilly avait suivi cet exemple; la marquise de Villers se trouva aussi dans la dure nécessité d'aller demander, à la

(1) Le traitement du juge de paix était alors de 600 francs; celui d'un nommé Bernard, son greffier, était de 200 francs.

générosité de l'étranger, un asile et du pain. Elle y vécut, dit-on, d'une pension de 300 francs qui lui fut faite par le roi de Prusse.

Nous ignorons si ces dames, avant leur départ, eurent à subir quelques tracassseries irrespectueuses, mais il est à supposer qu'elles ne quittèrent le pays qu'après y avoir vu la révolution devenir inquiétante pour leurs propriétés et pour elles-mêmes.

Voici plusieurs faits qui n'étaient que la mise à exécution ou la conséquence des décrets rendus par l'assemblée nationale, mais qui, si elles en furent encore témoins, durent leur prouver que c'en était réellement fini pour les anciennes prérogatives seigneuriales.

Le 10 mars 1791, un rôle était formé à Beaufremont pour la répartition d'une imposition particulière fixée au septième du montant de l'imposition foncière; « Dame Marie-Catherine-Rosalie de Beauchamp, tutrice des enfants mineurs du ci-devant comte de Neuilly, ci-devant seigneur de Beaufremont, résidant à Vrécourt, ci-devant privilégiée, » y fut inscrite « pour la somme de 158 livres 7 sous, » et « Dame Élisabeth-Thérèse d'Alençon, ci-devant seigneur dudit lieu, ci-devant privilégiée, pour la somme de 156 livres 5 sous (1). »

Le 22 mai suivant, une délibération des notables de Beaufremont était prise à l'effet d'obtenir l'autorisation de dessécher l'étang des ci-devant seigneurs. Le sol de cet étang fut partagé l'année suivante entre le domaine national et la commune. Le domaine national vendit la portion dont il s'était saisi à des acquéreurs en gros qui le revendirent en détail, tandis que la portion laissée à la commune était distribuée, après autorisation, à tous les individus habitant la localité.

Le 31 octobre, le conseil général de la commune (2)

---

(1) Ce rôle, à ce qu'il paraît, était pour des dépenses à faire en corvées, sur les chemins et les routes.

(2) Le conseil général de la commune était composé du corps municipal (trois membres, le maire compris, dits officiers municipaux), et de six notables ; il ne devait être convoqué que pour les affaires importantes.

délibérait qu'il était convenable de faire fermer la porte d'entrée de la chapelle des ci-devant seigneurs, à côté de la sacristie. Cette porte qui s'ouvrait sur le cimetière fut non-seulement fermée, mais les armoiries gravées en relief sur une pierre dont elle était surmontée extérieurement furent complètement détruites. On peut voir encore aujourd'hui cette pierre et l'empreinte des coups de marteau qui, donnés par une main barbare, n'ont laissé aucune trace de l'écusson qu'elle portait.

Sous la même date encore, le même conseil délibérait, en vertu des articles 18 et 19 du décret du 13 avril 1791, que les pierres des fourches patibulaires seraient vendues provisoirement au profit de la commune. (1).

Cette dernière délibération nous indique que les seigneurs de Beaufremont conservèrent jusqu'à la fin leurs droits et leurs attributions de hauts justiciers. Cependant, elle ne fait aucune mention d'un poteau d'environ deux mètres

---

(1) **Art. 18.** Tous les droits honorifiques et toutes les distinctions ci-devant attachées, tant à la qualité de seigneur justicier, qu'à celle de patron, devant cesser respectivement par la suppression des justices seigneuriales prononcée le 4 août 1789, et par la constitution civile du clergé décrétée le 12 juillet 1790, les ci-devant seigneurs justiciers et patrons seront tenus, dans les deux mois de la publication du présent décret, et chacun en ce qui le concerne, 1° de faire retirer des chœurs des églises et chapelles publiques, les bancs ci-devant patronaux et seigneuriaux qui peuvent s'y trouver; 2° de faire supprimer les litres et ceintures funèbres, tant à l'intérieur qu'à l'extérieur des églises et des chapelles publiques; 3° de faire démolir les fourches patibulaires et piloris ci-devant érigés à titre de justice seigneuriale.

Art. 19. Dans la huitaine qui suivra l'expiration du délai de deux mois, indiqué dans l'article précédent, le maire de chaque municipalité sera tenu de donner avis au commissaire du roi du tribunal de district, de l'exécution ou non exécution, du contenu dudit article; et en cas de non exécution, le commissaire du roi sera tenu de requérir, dans la huitaine suivante, une ordonnance du tribunal, pour autoriser la municipalité à effectuer les suppressions et démolitions ci-dessus prescrites, et ce, aux frais de la commune qui deviendra propriétaire des matériaux en provenant.

51

et demi auquel on attachait les individus condamnés au
carcan, ni d'une espèce de guérite ou plutôt de cage pavée
qui, probablement, entourait ce poteau placé au centre du
village, en face de la rue, à l'endroit même où l'on a récemment construit la salle de mairie et un lavoir public.
Il se pourrait que ces instruments, d'une rigoureuse justice,
beaucoup moins en usage dans les derniers temps qu'autrefois, eussent déjà été enlevés. Nous supposons même que
ce sont les fers dont on s'y servait, carcan, menottes et
anneaux pour les pieds, avec leurs chaînes, le tout du poids
de huit kilogrammes, que l'on a retrouvés l'an dernier dans
le fond de la tour qui avoisine le pont-levis, où ils auraient
été jetés, puis oubliés avec le temps.

Nous ignorons s'il exista jamais une potence pour les
exécutions ; il paraît qu'elles se firent d'abord au signe patibulaire (1), toutefois, les dernières dont on ait conservé
le souvenir, eurent lieu au Petit-Paquis, sous le village. De
là, on transportait les cadavres des suppliciés aux crochets
des fourches patibulaires où ils restaient suspendus jusqu'à
ce qu'il plût au temps de les en détacher pour en faire la
proie des animaux carnassiers. Lorsqu'on était forcé de les
enlever en raison des émanations infectes qu'ils répandaient
suivant les saisons, on les enterrait au pied du gibet, jamais en terre sainte.

Ces fourches patibulaires, marque permanente de la puissance des seigneurs, étaient situées au lieu dit à la Justice,
sur la côte Saint-Antoine, dans une friche, à environ cent
mètres au-dessus de l'ermitage de ce nom ; elles se composaient de quatre piliers carrés, en pierres de taille, d'une
hauteur de trois à quatre mètres, élevés à environ trois
mètres de distance les uns des autres. Ces piliers étaient
traversés, au centre et de haut en bas, par une forte barre
de fer et supportaient des poutres transversales auxquelles
étaient fixés de longs crochets pour suspendre les suppliciés.

(1) Voir notre 2° partie, page 209.

Les pierres des piliers du signe patibulaire, vendues suivant le désir exprimé par la municipalité, furent employées dans la construction de la porte d'une grange, où on les distingue encore par les trous pratiqués pour recevoir la barre de fer qui les traversait.

On sait combien furent déplorables les années 1792, 1793 et la première moitié de 1794 ; nous n'entrerons pas dans les détails de l'agitation et de l'inquiétude qui régnèrent alors dans nos villages, mais il ne nous est pas possible de passer sous silence une action barbare qui prouve jusqu'où était poussé l'aveuglement révolutionnaire chez quelques individus qui s'étaient mis à la tête de la municipalité de Beaufremont.

Sur la fin de 1793, la République française attaquée de tous côtés par les autres puissances de l'Europe, et se voyant dans la nécessité de faire usage de tous ses moyens de défense, fit adopter la mesure de convertir en instruments de guerre tous les fers et plombs disponibles ; il fut ordonné aux administrations locales d'en dépouiller « même les édifices publics, et jusqu'aux tombeaux. »

Le caveau des anciens barons de Beaufremont était depuis longtemps fermé ; on devait avoir oublié qu'il renfermait la boîte de plomb où avait été déposé le cœur de la vertueuse Charlotte de Madruce : un démon le souffla à l'oreille des tristes administrateurs de la commune ; devançant même la violation des tombeaux de la chapelle ducale de Nancy, ils pénétrèrent dans le caveau, puis, sans égard pour l'affection que l'illustre dame avait témoignée au village dans d'autres temps peu prospères, ils portèrent leurs mains sacrilèges sur la précieuse relique et l'enlevèrent du lieu où elle reposait depuis plus d'un siècle. Voici un extrait du procès-verbal rédigé à ce sujet.

« 28 frimaire an 2 de la république (1), huit heures du soir.
» Nous officiers municipaux de Beaufremont, ... étant descendus
» au caveau de la chapelle, ... nous y avons trouvé un cœur

(1) 18 décembre 1793.

» de plomb où était renfermé le cœur de la dame de Madruche,
» morte en 1669, au mois de décembre, et nous avons délibéré
» que ce plomb sera envoyé au chef-lieu du district..... » (2).

Ce noble cœur était encore intact et tout vermeil ; ou-
bliant les prescriptions de l'autorité qui voulaient seulement
que les restes des rois et des princes fussent confondus avec
ceux des autres mortels, les municipaux poussèrent l'inhu-
manité jusqu'à le jeter sur un fumier, après, dit-on, l'avoir
ouvert avec un couteau. Hâtons-nous de dire que cette action
cruellement coupable inspira la plus vive horreur à tout le
village. Deux femmes respectables s'approchèrent du fumier
comme par curiosité et, n'osant se baisser, recouvrirent d'abord
avec le pied le cœur mutilé, puis, la nuit venue, elles
l'enlevèrent et allèrent le déposer religieusement au cimetière.

Pour en finir avec la période révolutionnaire, il nous reste
à parler de la vente des biens qui composaient le domaine
personnel des seigneurs de Beaufremont. L'émigration des
dames de Neuilly et de Villers fut à peine connue, que ces
biens furent saisis et confisqués au profit de la nation. Bientôt
après, classés d'après leur nature et leur situation, ils furent
divisés par lots, puis vendus en détail.

A Beaufremont, les deux châteaux et leurs dépendances,
la marcairie, qui n'était plus qu'une masure, la forêt du
feu comte de Neuilly, les vignes, les terres labourables et
les prés passèrent successivement à des acquéreurs qu'ils
enrichirent.

La *ferme* des héritiers du comte de Neuilly à Beaufremont,
louée alors 1,393 livres 11 sous, à Joseph Plumerel, fut
adjugée à plusieurs acquéreurs, le 10 thermidor an 3, pour
la somme de 460,100 francs. La *ferme* d'Elisabeth-Thérèse
d'Alençon, au même lieu, fut aussi vendue en même temps,
pour la somme de 550,100 francs.

La tuilerie appartenant en commun aux deux seigneurs
était amodiée à Jean-Claude Pierrot, pour un canon annuel

(1) Archives de la commune de Beaufremont.

de 180 livres ; elle comprenait les bâtiments et les terrains
y attenant entourés de haies vives, et d'une contenance d'environ trois jours, puis un pré d'environ trois quarts de
fauchée au Honcheri (1) ; le tout fut soumissionné pour une
somme de 3,320 livres, à payer en mandats territoriaux ou
en promesses de mandats.

Le moulin de l'Etanchotte, avec ses dépendances, appartenant aussi aux deux seigneurs, fut vendu 52,100 francs
(1er thermidor an 3).

Le moulin de Gendreville qui était la propriété de la marquise de Villers et qui produisait un canon annuel de 977 livres
de Lorraine, outre 4 resaux de blé (mesure de Beaufremont),
réservés au comte de Neuilly, fut vendu, avec un jour de
terre y attenant, un demi-jour à la Grand'fin et sept quarts
de pré au déversoir, pour une somme de 33,300 livres, le
22 floréal an 2.

Le moulin de Malaincourt, provenant des héritiers du
comte de Neuilly, fut vendu 15,500 francs. Un bail emphytéotique passé en faveur de Jean Merlin dudit lieu en portait
le revenu annuel à 363 livres 17 sous.

La comtesse de Neuilly et ses deux enfants avaient aussi
au même village de Malaincourt, un gagnage loué 1,587
livres 2 sous, à Luc Michel dudit lieu. La maison de ferme
et les biens fonds dont se composait ce gagnage, furent
vendus en 44 lots, pour la somme totale de 126,335 francs,
le 12 vendémiaire an 3. Un lot de terres et de prés fut encore
vendu 3,350 francs (1er thermidor an 3.)

A Gendreville, la même famille possédait une petite maison,
et un gagnage consistant en 54 jours de terres et 16 fauchées de
prés, loués, avec les droits féodaux supprimés, 1,200 livres,
à Jean-Baptiste Vergne et à Pierre Champagne. La maison
fut vendue 805 fr. Le gagnage fut divisé en 8 lots, puis
vendu pour la somme totale de 34,825 fr., le 2 vendémiaire
an 3.

(1) Les terrains et le pré n'étaient ostimés que 440 livres.

Un semblable gagnage situé au même lieu et appartenant à la marquise de Villers, fut aussi divisé en 8 lots, vendus 33,575 fr.

Les deux seigneurs avaient, à Médonville, un gagnage loué avec les droits féodaux supprimés, 650 livres 7 sous 4 denier, à Maurice Gillot et Jean-Nicolas Guéniot. Il fut subdivisé en douze lots. Les six lots provenant de Marie-Catherine-Rosalie de Beauchamp et de ses enfants furent vendus 16,350 fr.; la vente de ceux d'Élisabeth-Thérèse d'Alençon ne s'éleva qu'à 10,050 fr. La totalité de ce gagnage était de 24 jours de terres, 12 fauchées 1⁄2 de prés et un demi-jour de chenevières.

Un bien de 13 jours trois quarts de terres et un quart de prés, situé à Urville, fut de même vendu en deux lots. Le n° 1 venant de la *femme* Neuilly et de ses enfants fut adjugé 3,625 francs; le n° 2 qui était le lot de la *femme* Villers fut vendu aux mêmes acquéreurs 4,875 francs.

Un autre bien de 6 jours de terres et 7 fauchées 1⁄2 de prés, situé sur le finage d'Aulnois (1), fut vendu en trois lots pour la somme totale de 12,025 fr.

Des biens composant la ferme d'Alençon, furent encore vendus, à Aulnois, pour une somme de 123,000 francs (10 thermidor an 3.)

Le Breuil du Biard (8 fauchées 4 omées 18 verges) et le Breuil dit d'Alençon (14 fauchées 4 omées 12 verges), rapportés au territoire de la municipalité d'Aingeville (2) et appartenant à Élisabeth-Thérèse d'Alençon, furent adjugés à l'acquéreur du moulin de Malaincourt pour le prix total de 12,700 livres. Cette dame avait encore une maison, un jardin, des terres, des prés et un bois, situés sur le territoire

(1) Il paraît que la partie de la dame de Neuilly ne comprenait que 2 jours 1⁄2 de terres et 5 fauchées de prés, vendus 4,000 fr.

(2) Dans le partage de 1589, ils sont indiqués comme faisant partie du territoire de Malaincourt.

de Malaincourt et qui furent vendus en 24 lots, pour une somme totale de 99,575 francs (vendémiaire an 3) (1).

Nous pourrions nous arrêter un peu plus sur ces ventes et résumer encore celles des biens que possédaient, en dehors de leur baronnie, les derniers seigneurs de Beaufremont, mais la réserve que nous nous sommes imposée et les limites de notre travail ne nous permettent pas de nous étendre davantage sur des acquisitions qui, quoique légales, furent envisagées de différentes manières par la génération sous laquelle elles eurent lieu.

Nous ne quitterons pas le XVIIIᵉ siècle sans ajouter un dernier mot à ce que nous avons déjà dit du canton de Beaufremont.

D'après l'*Almanach du département des Vosges* pour l'an VIII (1799), ce canton, toujours composé des communes de Beaufremont, Certilleux, Circourt, Jainvillotte, Landaville, Lemmecourt, Pompierre, Sartes et Tilleux, comptait une population totale de 2,672 individus; mais l'administration municipale y était, comme dans toute la république française, bien différente de ce qu'elle avait été pendant les premières années de la Révolution. Dès l'an 4, on donnait le nom d'agent au principal officier de chaque commune. La réunion des agents d'un même canton sous la direction d'un président composait l'administration municipale du canton, près de laquelle était placé un commissaire du directoire exécutif et un secrétaire-greffier.

L'administration municipale du canton de Beaufremont fut composée de Jᵖ Plumerel, président, J.-N. Berret, J. Brenel, J. Thuus, J.-B. Arnould, C. Maillard, P. Chapellier, N. Thirion, C. Laurent et J. Didelot, agents classés d'après l'ordre alphabétique du nom de leurs communes; Aᵗᵉ Fabvier, commissaire du directoire exécutif, et J. Perrin, secrétaire-

(1. Pour toutes ces ventes de biens nationaux, des émigrés, voir à la préfecture des Vosges, le tableau déjà cité, liasse Q, n° 171.

greffier. Mr F. Godard continuait à occuper la justice de paix avec le Sr Bernard pour greffier.

Le premier consul ayant donné à la France l'organisation que possèdent aujourd'hui nos communes, plus de moitié des cantons du département des Vosges furent supprimés (1). Beaufremont vit réunir le sien à celui de Neufchâteau et perdit ainsi l'importance éphémère qu'on lui avait conservée en détruisant sa baronnie. Depuis cette époque, un maire, un adjoint et un conseil municipal de 10 membres, composent son administration municipale, ce qui existe également pour toutes les autres communes d'une population au-dessous de 500 âmes.

Ajoutons encore qu'en l'an XII (1803), Beaufremont comptait 72 maisons, 84 ménages ou feux, 157 individus du sexe masculin, 185 du sexe féminin, et 12 militaires en activité; à la même date, Lemmecourt avait 22 maisons, 21 ménages ou feux, 42 individus du sexe masculin, 46 du sexe féminin et 3 militaires sous les drapeaux.

Pour le spirituel, les deux villages réunis en 1802 sous la direction de l'ancien curé de Lemmecourt, le respectable abbé Baudot, revenu de l'émigration, ont continué jusqu'à ce jour à former une seule paroisse dont Beaufremont est le chef-lieu et Lemmecourt l'annexe.

En même temps que M. Baudot rentrait au milieu de ses paroissiens et redevenait même possesseur de l'ancien presbytère de Lemmecourt (2), Mme la marquise de Villers reprenait aussi le chemin de la France et venait presque aussitôt rendre visite au village où elle n'avait plus de foyer,

(1) De 66, ils furent réduits à 50.

(2) Ce presbytère, qui avait été soumissionné comme bien national, le 20 prairial an 4, pour la somme de 1008 francs, taux de son estimation, fut revendu à M. Baudot pour le même prix, ou à peu près, par les acquéreurs; seulement, le digne prêtre dut payer son acquisition en numéraire : les assignats, réduits à une valeur de plus en plus insignifiante, avaient fini par disparaître totalement.

et où l'hospitalité ne pouvait lui être offerte que chez des étrangers. Toutefois, elle devait encore y retrouver des pauvres, et s'ils furent de ceux qui la revirent sans arrière-pensée, elle sut bientôt leur prouver que son excellent cœur était resté au-dessus de sa fortune.

Nous avons vu que les administrateurs chargés de la vente des biens nationaux avaient parfaitement réussi à disperser les propriétés des *ci-devant* barons de Beaufremont; cependant, au moment où cette aliénation fut suspendue, la forêt des d'Alençon et quelques-uns de leurs terrains provenant de l'ancien grand étang restaient encore invendus. Après son retour, madame de Villers en obtint la restitution. Cet acte de justice la mit en état de faire quelque bien : c'est ce qu'elle désirait. De Metz, où elle fixa sa résidence, elle venait à peu près chaque année revoir ce débris de ses anciens domaines, et passait ordinairement quelques jours au presbytère de Lemmecourt, chez M. Baudot, le fidèle confident des peines et des consolations de sa vieillesse. Malgré l'exiguïté de ses revenus, elle ne le quitta jamais sans lui laisser quelque chose pour les pauvres des deux villages; et, plus d'une fois, à la première communion ou pour l'hiver, on en vit plusieurs entièrement habillés à ses frais.

Elle avait remarqué que si M. Baudot habitait Lemmecourt, c'est que l'ancienne maison de cure de Beaufremont manquant des choses les plus urgentes, ne pouvait réellement plus servir d'habitation au curé de la paroisse; elle avait vu aussi ce respectable prêtre se faire lui-même, et dans sa propre maison, l'instituteur des enfants de Lemmecourt, et savait que Beaufremont ne possédait qu'une seule école pour les garçons et les filles. Elle conçut donc le double projet de faire construire un presbytère à la portée des deux villages, et de fonder une école de filles pour la paroisse.

Ce presbytère commode et spacieux, situé à deux cents mètres de l'église de Beaufremont, sur le chemin de Lemmecourt, lui coûta environ 13,000 fr., fruit de ses économies.

A peine était-il achevé, qu'elle le céda à la commune pour la somme de 5,000 fr. dont elle employa aussitôt une partie à la construction de la chapelle de Saint-Grat, à gauche du chœur de l'église, et dont l'autre partie allait être consacrée à une donation pour l'exécution de son second projet.

L'acte de cette donation passé à Metz, devant deux notaires, le 23 novembre 1818, porte que madame Élisabeth-Thérèse d'Alençon, veuve de Jean-René-Romain le Tirant, marquis de Villers, donne à la commune de Beaufremont : 1° une somme de 2,400 fr. qui sera placée à intérêt par les soins du curé desservant, et dont la rente annuelle sera affectée au traitement d'une sœur chargée de donner l'instruction gratuite aux filles pauvres de la paroisse ;

2° Une maison dite le Souffrant, située en allant à la montagne, rue du Taureau, achetée par M. Baudot dès le 15 octobre, et payée 900 fr. des deniers de ladite dame de Villers, pour être affectée au logement de la sœur et à la classe des filles. (Cette maison qui était d'un accès trop difficile, fut revendue vers 1834 et remplacée aussitôt par un autre local situé au-dessous de l'église et jugé beaucoup plus convenable pour remplir les intentions de la donatrice.)

Enfin une troisième disposition du même acte, est une donation à la cure de Beaufremont, d'un pré d'une contenance de 22 ares 18 centiares, lieu dit au pré Mouchou faisant partie de l'ancien étang qui dépendait de la terre de Beaufremont dont ladite dame était propriétaire, pour par le prêtre desservant la succursale, en jouir à perpétuité, à la condition de célébrer annuellement un service solennel pour le repos de l'âme de la dite dame de Villers, le jour anniversaire de sa mort.

Malgré son grand âge, Élisabeth-Thérèse d'Alençon vécut encore cinq années après avoir réalisé ces fondations en faveur de la paroisse de Beaufremont. Elle mourut à Metz, rue de la Chèvre, le 25 octobre 1823, âgée de quatre-vingt-sept ans, après avoir légué sa forêt dite le Bois-la-Dame, la seule possession qui lui restât de son ancienne baronnie, à une nièce, née de l'Escaille, épouse de M. de Hédouville,

d'Éclaron (Meuse). Cette forêt, d'un revenu annuel d'environ
4,000 francs et chargée d'une imposition foncière de 350 francs,
est aujourd'hui la propriété commune des deux fils de cette
dame, MM. Charles-Louis-François et Louis-Hubert-Ferdinand
de Hédouville.

Le souvenir de la bienfaisance de madame la marquise
de Villers s'est conservé parmi la population de Beaufremont,
et son nom n'y est jamais prononcé qu'avec respect.

En même temps que se terminait l'existence de la dernière baronne dont il ait reconnu l'autorité, Beaufremont
voyait les châteaux de ses hauts et puissants seigneurs s'a-
moindrir comme pour descendre au niveau de la position
sociale de leurs nouveaux maîtres.

Les acquéreurs de l'an 3, à qui ils avaient coûté bien peu,
y portèrent les premiers le marteau des démolisseurs; re-
vendus en 1815, ils subirent bientôt de nouvelles mutilations,
mais ce ne fut qu'en 1824 que disparut le donjon élevé
qui dominait tous les autres bâtiments, cette tour commune où
étaient les prisons et que sa couverture avait fait nommer
la *Tour d'ardoises*.

Vers cette même date, le château de Neuilly fut démoli
de fond en comble : il n'en reste que l'ancien logement situé
sur les caves et au-dessus duquel étaient les grands greniers.
Un cultivateur qui en fit alors l'acquisition l'habite depuis
avec sa famille.

Le château des d'Alençon avait vu tomber aussi les constructions qui l'avoisinaient, mais il avait conservé une partie
de sa façade principale. Cette façade a été considérablement
réduite en hauteur, il n'y a plus de chambres qu'au rez-
de-chaussée, celles du premier étage ayant été ajoutées aux
greniers. Une moitié de l'ancienne cuisine, dont la voûte
a été démolie naguère, sert de remise et d'écurie, tandis
que l'autre moitié, encore entière et bien conservée, forme la
cuisine et une chambre de la demeure contiguë. Ce château,
qui n'en a plus que le nom, abrite aujourd'hui trois familles d'ouvriers. L'ancienne maison du portier, une partie

des écuries, la bougerie et le pressoir, situés à environ cent
mètres au-dessous, sur les fossés, après avoir servi pendant longtemps d'habitation à un seul cultivateur, ont été,
il y a quelques années, partagés entre deux de ses fils.

Aperçus de loin, ces quelques restes de l'une des plus
magnifiques et des plus fortes demeures féodales de la contrée,
se distinguent à peine des autres parties du village, mais
vus de près, ils produisent dans l'âme une impression difficile à décrire. Ces fossés remplis de débris sur lesquels
le frêne, comme un arbre funèbre, étale son ombrage ; ces
masures abandonnées, croulant de vétusté ; ces fondations
au niveau du sol ; ces tours découronnées ou dont il ne
reste plus que la base ; ces lierres séculaires qui recouvrent
encore quelques vieux murs ; ce puits remarquable qui n'a
pas même une poulie à la chaîne de laquelle on puisse confier
un seau ; ce pavé autrefois l'ornement d'une superbe cour
et sur lequel l'herbe s'étale comme pour cacher les injures
du temps ; cette voie rocailleuse que l'on ne peut parcourir
sans précaution ; cette porte élancée que fermait l'un des
ponts-levis et qui, aujourd'hui, se soutient à peine sur ses
bases ébranlées ; ne sont-ce pas là autant de témoins qui
attestent un triste abandon ? autant de ruines qui semblent
gémir de l'absence des braves et généreux chevaliers des
croisades, de celle non moins pénible de leurs belliqueux
et illustres successeurs, et attendre, pour se relever, le retour de l'un de leurs arrière-neveux, dont la présence les
a fait quelquefois tressaillir d'espérance, qui saurait si bien les
délivrer d'une trop durable parure d'humiliation, et réchauffer
un reste de vie que semble posséder encore l'antique manoir
dans les gracieuses nervures de la voûte de sa cuisine, dans
l'épaisseur extraordinaire de quelques-uns de ses murs (1),

(1) En certains endroits, et notamment derrière le bâtiment qui reste de
l'ancien château des comtes de Tornielle, ces murs ont jusqu'à 5 mètres
d'épaisseur à la base, et encore 2 mètres 60 cent., à la hauteur de 8 mètres.

mais surtout dans l'agréable situation qu'il occupe et dans les souvenirs qu'il rappelle.

Particularités sur les mœurs et les occupations des habitants de la baronnie de Beaufremont au XVIIIᵉ siècle et au commencement du XIXᵉ.

Quelques notes que nous avons recueillies sur les mœurs et la manière de vivre des habitants de Beaufremont et des environs, ayant un certain intérêt, nous avons pensé qu'elles compléteraient utilement notre travail ; nous allons donc en donner ici le résumé.

Au XVIIIᵉ siècle comme aujourd'hui, les populations de la baronnie de Beaufremont furent surtout des populations agricoles. Jusque vers 1830, le printemps, l'été et la première moitié de l'automne étaient consacrés par tous aux travaux de la campagne. Le labourage, exécuté exclusivement avec des chevaux, exigeait la plus grande partie du temps des cultivateurs ; les ouvrages à la main, soit aux champs, soit aux vignes, étaient faits avec les instruments les plus communs par les autres personnes.

Quelques artisans seulement avaient des métiers sédentaires, et encore, au moment de la fenaison, de la moisson et des vendanges, la désertion des villages était tellement complète pendant tout le jour, qu'à peine y rencontrait-on les plus vieilles personnes occupées à la garde des jeunes enfants.

Dès que toutes les récoltes étaient rentrées, et que la saison rigoureuse commençait à se faire sentir, chacun reprenait le séjour de sa maison pour s'y livrer aux occupations domestiques.

Pour les propriétaires, la plus importante de ces occupations consistait dans le battage des grains au fléau ; venait ensuite la préparation des échalas pour les vignes, puis une foule de petits ouvrages que l'homme actif sait toujours se créer conduisaient jusqu'au retour du printemps.

L'exercice des professions manuelles réclamées par les besoins des localités, comme la préparation du chanvre, le tissage de la toile, les tissus mêlés de fil, de laine et de coton, la fabrication des meubles, du matériel agricole, la confection des chaussures, etc., ne laissaient oisif aucun ouvrier valide; ces industries occupaient les chanvriers, les tisserands, les menuisiers, les charrons, les charpentiers, les maréchaux, les cordonniers, etc.

Les femmes s'occupaient tout particulièrement, d'abord pendant les premières veillées, puis pendant les jours d'hiver, à teiller et à filer le chanvre récolté sur les chenevières autour de chaque village; à filer la laine; à tricoter des bas, à coudre le linge et les habits. Ces occupations avaient de grands avantages, ceux et entre autres d'accoutumer les filles, dès leur jeunesse, et sans aucun danger pour leur santé, à un travail utile et profitable; de garnir de bon linge les armoires de la plupart des ménages; d'y procurer, à peu de frais, des habits sinon élégants, du moins solides et propres, parfaitement convenables, et en rapport avec les habitudes laborieuses; enfin et surtout de maintenir au sein des familles l'amour du foyer paternel, et cette précieuse économie qui est la première condition du bien-être.

L'introduction de la broderie a singulièrement changé cette excellente situation : sans vouloir faire la critique de cette industrie, nous pouvons avancer qu'elle a amené le luxe dans les habits, l'amour de la dépense, le vide sur les rayons des armoires et, souvent déjà, la ruine ou du moins l'affaiblissement de la santé de bien des jeunes filles. Elle a rendu, il est vrai, des services momentanés à certains ménages, mais ces services, achetés au prix de la santé, ne sont-ils pas payés trop cher? Constatons cependant que beaucoup de familles, tout en permettant à la broderie de prendre chez elles une place accessoire, ont continué à entretenir parmi leurs enfants le goût des travaux champêtres et des anciennes coutumes domestiques, témoignant par là qu'elles comprennent les véritables intérêts de leurs filles, dont elles aiment mieux faire de bonnes et robustes ouvrières rurales que des brodeuses étiolées, dépourvues de la plupart des qualités que doivent posséder les véritables ménagères.

Nous mentionnions déjà, en commençant notre travail, les soins donnés à l'élevage du bétail : on peut dire que ces soins sont traditionnels à Beaufremont. L'établissement et l'entretien de la marcairie des seigneurs et leur troupeau de bêtes blanches ne pouvaient manquer d'en développer le goût chez les particuliers. Le curé lui-même élevait du bétail, puisque l'un de ses droits était « la garde de ses animaux franche. »

Bien que nous n'ayons pas de preuves que les seigneurs se soient réservé la fourniture des animaux mâles, nous pensons que, dans l'obligation où ils étaient d'en entretenir pour leur propre avantage, ils se conservèrent ce privilége. Après la dispersion du bétail et du troupeau seigneurial, la municipalité ne crut pas trop faire en prenant des arrangements même onéreux avec un particulier pour cet objet important. Une pièce que nous avons vue aux archives des Vosges constate en effet qu'en l'an IV, il était dû à Antoine François, pour « la vilaine fourniture des bêtes mâles de la communauté, la somme de 150 livres 4 sous de France par année, » et ce par suite d'une autorisation de MM. les administrateurs du département des Vosges en date du 17 mars 1791.

Une dépense aussi considérable devait nécessairement contribuer à maintenir dans la localité un bétail de choix, et exciter les propriétaires à ne conserver que des animaux d'une certaine valeur : mais pour obtenir ce résultat d'une manière générale, il aurait fallu qu'au bon fourrage des prairies naturelles et même des prairies artificielles déjà connues, on ajoutât quelques racines, telles que la carotte et la betterave préconisées avec tant de justesse par François de Neufchâteau, puis des logements plus vastes, mieux aérés et tenus avec plus de propreté qu'ils ne l'étaient, comme on peut en juger par ce qui existe encore dans bien des maisons.

Les habitations des familles elles-mêmes étaient d'une

construction très-modeste, et n'avaient, pour la plupart, que deux chambres, rarement trois, situées au rez-de-chaussée, et presque toujours qu'un seul foyer. On sait d'ailleurs que, dans toute la Lorraine, on se contentait de bien peu de pièces. D'après Durival, on n'avait, dans les bonnes maisons, que deux feux, celui de la cuisine qui chauffait en même temps, par la plaque du contre-mur, l'antichambre servant de salle à manger, et celui de la chambre du maître. A Beaufremont et dans le voisinage, la cuisine était aussi le plus souvent la chambre des repas, et, outre les meubles dont l'usage est le plus nécessaire, on y voyait communément un ou même deux lits, enfermés dans des boiseries chez les familles les plus aisées. On ne connaissait nullement l'usage des poêles ou fourneaux pour chauffer les pièces sans cheminée; par compensation les femmes se servaient, en hiver, de *couvets*, espèces de chaufferettes en terre cuite dans lesquels elles mettaient de la braise et des cendres chaudes, mais il n'était pas rare que cette funeste habitude leur occasionnât, ainsi qu'aux autres personnes de leur compagnie, des maux de tête violents et même dangereux, quand les soins du ménage ne venaient pas, de temps en temps, les enlever momentanément à leur travail.

La population se divisait naturellement en deux classes, les cultivateurs et les manœuvres. Les rapports des uns avec les autres étaient on ne peut plus sympathiques; il y avait entre eux un échange de bons procédés comme entre les membres d'une même famille. Le manœuvre était le premier à se donner au cultivateur pour l'aider dans les travaux de la campagne et de la maison, et le cultivateur se faisait, par réciprocité, un devoir de labourer consciencieusement les quelques champs de ses manœuvres, et de faire les autres ouvrages pour lesquels ils avaient besoin des forces de ses attelages. Le premier appelait le second *son manœuvre* et celui-ci appelait l'autre *son laboureur*. Il ne serait pas difficile de citer des familles ainsi attachées au service les unes des autres pendant plusieurs générations.

Par ce qui précède, on voit que les populations de la

baronnie de Beaufremont avaient des habitudes essentiellement rurales. Sans être plus laborieuses que beaucoup d'autres, elles auraient cependant considéré comme une honte le désœuvrement habituel. Jamais nous n'avons entendu dire qu'aucun individu, jeune ou vieux, y ait osé affronter l'opinion en se livrant publiquement au jeu ou à l'oisiveté pendant les jours de travail. Le respect de la religion et de soi-même et le besoin de repos y empêchèrent aussi, en tout temps, le travail du dimanche. De mémoire d'homme, nous ne croyons pas qu'on y ait vu, pendant ce jour, exécuter par qui que ce soit, aucun des travaux qui peuvent se remettre, comme la culture des terres, la récolte des pommes de terre, la conduite des engrais, etc.

Produisant chez eux la plus grande partie de ce qui leur était nécessaire, les habitants de Beaufremont n'eurent jamais au dehors que des relations peu fréquentes. Les courses aux foires et marchés ne paraissent pas être entrées dans leurs mœurs. Ils se contentaient autrefois d'un petit marché établi, à certains jours, sous le château, où ils vendaient leurs grains et leurs menus produits, et qui subsista pendant tout le temps que le village posséda des châtelains et leurs officiers.

Depuis, leurs relations ordinaires ne se sont pas étendues au delà de Neufchâteau, Châtenois, Bulgnéville et Vrécourt, c'est-à-dire à plus de dix kilomètres. N'oublions cependant pas de dire qu'avant la Révolution, quelques marchands de toiles du pays, établis à Gendreville et à Urville, entretenaient avec le midi et même jusqu'en Espagne un commerce qui, pour n'être pas très-considérable, n'en était pas moins actif et lucratif en même temps (1).

(1) Au mois de juillet 1785, Luc Poirot, marchand à Urville, vendait aux sieurs Richard-Bernard et Jean-Louis Gourdot, marchands associés à Parey-Saint-Ouën, pour la réparation de l'habillement des troupes du corps royal de la marine de la division de Toulon, 3,808 aunes de toiles blanches en 155 pièces et 2,506 aunes de toiles grises en 84 pièces; total 6,114 aunes de

Nos concitoyens se contentèrent toujours d'une nourriture très-frugale : du pain de blé pour les familles les plus fortunées, mélangé de blé et d'orge, quelquefois de seigle pour les autres ; du lard, des légumes, les fruits des jardins et les pommes de terre, du lait, du fromage, du beurre et des œufs composaient toutes les ressources des ménagères pour la préparation des repas. La viande de boucherie ne paraissait guère que le dimanche sur les tables les plus opulentes, et seulement à la fête patronale et dans quelques occasions solennelles sur les autres. Le vin était celui que produisaient les vignes du territoire ; il ne se servait jamais qu'avec ménagement et pour ainsi dire seulement chez les propriétaires qui le récoltaient. L'eau en général était la boisson ordinaire, et la fréquentation des cabarets n'y enrichit jamais ceux qui les établirent. Avec ces habitudes, l'ivrognerie resta toujours un vice extrêmement rare et la sobriété une qualité nécessaire, et par cela même très-commune.

La présence de personnes respectables au milieu d'une petite population y exerce toujours une grande influence : aussi, pensons-nous que les mœurs des seigneurs de Beaufremont et de leurs officiers contribuèrent beaucoup à y faire contracter et à y conserver une certaine urbanité, avantageuse à toute la communauté.

Nous ne connaissons nullement le personnel des maisons des derniers seigneurs qui, d'ailleurs, y habitèrent peu ; nous avons tout lieu de supposer que, comme Mme de Villers, ils n'eurent guère d'autres serviteurs que ceux qui leur étaient absolument indispensables pour leurs ouvrages domestiques, tels qu'ils se distribuent dans les familles distinguées. Mais

toiles en 257 pièces. L'aunage en fut fait à Urville même, en présence du subdélégué de l'intendant de Lorraine et Barrois, Claude-François Rouyer de Neufchâteau, assisté de son secrétaire Dominique-Gervais Tulpain. Un passeport de Sa Majesté Louis XVI permit de passer ces toiles, sans frais, à leur destination. Elles partirent le 27 juillet sur 4 charettes. (Archives des Vosges, E. 49.)

nous avons essayé de recueillir les noms des principaux officiers de leur *baronnie et prévôté*, et nous avons pu en composer une liste qui, quoique restée incomplète, montrera néanmoins que ces titres donnaient à notre modeste village une importance réelle, un ton de bonne société. Voici cette liste avec les dates des actes où nous avons recueilli les noms des fonctionnaires qu'elle contient :

Prévôts en la baronnie de Beaufremont.

1679. Pierre Du Reux, prévôt pour M. d'Alençon.
1701. François Marot, prévôt pour Ch.-Fr. Labbé.
1744, 1763. Charles-François Moinel, avocat à la cour, prévôt et amodiateur de M. le comte de Morvilliers.
1739, 1755. François-Joseph Nicolas, prévôt pour MM. d'Alençon. En 1755, ce prévôt faisait ériger, à la sortie de Lemmecourt, auprès de la chaussée de l'étang, la croix qui y existe encore. L'inscription d'érection, gravée sur la partie supérieure du piédestal, est ainsi conçue :

LE Sr F. JOSEPH
NICOLAS PRÉVO-
TS DE BEAUFRE-
MONT A FAIT É-
DIFIER CETTE
CROIX PAR DÉVO-
TION L'AN
1755.

La tablette du devant porte cette autre inscription :

Hinc procul abscedat si quis maledicia receset,
Ne rabidoniam polluat ore crucem. (sic.)

La colonne est cannelée, bien proportionnée et surmontée d'un chapiteau corinthien sur lequel repose le croisillon (1).

1783.... Cherpitel, prévôt pour Mme la marquise de Villers.

Greffiers.

1744, 1753. Pierre Guyot. En 1765, étant devenu procureur en la cour souveraine de Lorraine et Barrois, et demeurant à Nancy, il vendit les héritages qu'il possédait à Beaufremont. Il fut ensuite procureur au parlement et à la chambre des comptes de Nancy; il exerçait encore cette charge en 1783, car il figure en cette qualité, et comme gradué, le cinquième dans la liste publiée alors par l'*Almanach de Lorraine* (2).

1748. François Bernard, pour la partie de MM. d'Alençon.

1763. Michel Bernard,   idem.

1771.... Vergne, pour M. le marquis de Luigné.

1779.... Bernard, pour Mme la marquise de Villers.

1783.... Claudot, greffier en chef,   idem.

1788.... Thouvenel, pour M. le comte de Neuilly.

Procureurs d'office.

1655. Anthoine Thouvenel. (La tombe de son épouse, Catherine Tassart, fille d'un bourgeois de la Mothe, existe encore à l'église de Beaufremont, dans l'allée de la chapelle de la sainte Vierge.)

1690. Jean Moinel, procureur fiscal pour C.-F. Labbé.

1714, 1748. Pierre Laroche, pour la famille Labbé.

---

(1) MM. Joseph-François et Antoine Nicolas fondèrent à perpétuité en 17.. trois messes hautes annuelles du Saint-Sacrement, dans la paroisse de Beaufremont. Cette fondation, ainsi que celle de quelques messes basses, a traversé les mauvais temps de la grande révolution et subsiste encore.

(2) Page 47. Nous croyons néanmoins qu'il y eut deux individus de ce nom, à Beaufremont : le greffier et le procureur.

1735 et suivantes. François-Georges Urguette, pour la même famille. (Voir la liste des notaires.)

1748, 1763. Charles-François Claudot, pour les seigneurs d'Alençon.

1764.... Blandin, demeurant à Aulnois.

Sergents ou huissiers.

1712, 1742. Joseph Perrin. Habitait Gendreville en 1742.

1740. Pierre Maillard.

1747. François Bernard, huissier et greffier, pour MM. d'Alençon.

1747, 1785. Jean-Baptiste Curel, pour M. le comte de Morvilliers et ses successeurs.

1744. Joseph Maillard.

1770. Jean-Nicolas Maillard.

1779, 1787. Joseph Laborde, pour Mme la marquise de Villers.

1796 (an 5). Joseph Martin, résidant à Gendreville, attaché à la justice de paix de Bulgnéville.

Avocats.

1726, 1741. Nicolas Desaubert.

1765, 1788. Nicolas Perrin, natif de la Bresse, avocat au parlement, gradué par l'Université de Pont-à-Mousson, remplit en 1785 les fonctions de prévôt en la baronnie pour M. le comte de Neuilly, et, en 1788, celles de curateur en titre pour la partie de Mme de Villers.

1783. Thiébaut, le jeune.

Fermiers du magasin à sel.

1713. La Roche (probablement le même que le procureur Pierre Laroche.)

1768, 1789. Jean et Antoine Royer.

Tabellions, notaires-jurés, garde-notes, en la prévôté et baronnie de Beaufremont.

1° Partie des seigneurs d'Alençon.

1699, 1714. Jean-Baptiste Michel, pour M. d'Alençon. Scellait ses contrats avec un sceau du XII⁰ siècle, aux armes pleines de Beaufremont.

1722, 1730. Nicolas Jacquemin, pour M. d'Alençon.

1735, 1739. François Nicolas, pour les seigneurs, comtes et barons d'Alençon. Faisait encore usage du sceau ancien, portant autour, pour légende : † SCEEL DE.... FROYMONT.

1741, 1748. Claude-Félix Thiébault, avocat à la cour, tabellion, etc., « pour les seigneurs et dame, comte et baron d'Allençon. »

1749, 1760. François Bernard, « pour les seigneurs d'Allençon. »

1763. Charles-François Claudot, procureur, tabellion, etc.

1765, 1770. Michel Bernard, tabellion, garde-note, pour les seigneurs d'Alençon.

1770, 1783. Marc-Antoine Nicolas, avocat à la cour, notaire royal au bailliage de Neufchâteau, résidant, comme les précédents, à Beaufremont. — Actes scellés à Neufchâteau, du sceau royal.

Tous les actes de ces notaires, à partir de 1741, étaient contrôlés à Beaufremont sous la signature F. Thiébault, évidemment le notaire Cl.-Félix Thiébault.

1787, 1788. Joseph Thomas, notaire royal au bailliage de Neufchâteau, résidant à Médonville. — Actes contrôlés à Beaufremont par Thouvenel.

2° Partie de MM. Labbé et de leurs successeurs.

1713. Joseph Martin, tabellion en la prévôté de Beaufremont.

1722, 1766. François-Georges Urguette, résidant à Bulgnéville, lieutenant, commandant les chasses et notaire de S. A. R., puis commandant les chasses de Sa Majesté et notaire royal; procureur fiscal d'abord, ensuite procureur d'office des prévôtés de Bulgnéville et Beaufremont, tabellion, garde-note et des sceaux en la baronnie de Beaufremont, prenait en 1764 le titre d'écuyer. Jusqu'en 1764, il scellait ses actes du sceau de M. le comte de Morvilliers. Il fit ensuite usage d'un autre sceau très-différent, sans doute aux armes de M. de Luigné (1).

Les actes du notaire Urguette sont extrêmement communs, ce qui prouve le grand nombre de ventes qui se faisaient alors dans la baronnie. Ces actes étaient contrôlés à Bulgnéville.

1764, 1766. Nicolas Brice, notaire et tabellion, pour M. de Luigné. (Paraît n'avoir exercé que comme remplaçant de F.-G. Urguette.)

1767, 1769. Charles Thiébaut, tabellion, garde-note et des sceaux, résidant à Beaufremont. Les actes de ce dernier notaire étaient contrôlés à Vrécourt.

Il résulterait de cette manière de contrôler qui était ce que nous appelons aujourd'hui l'enregistrement, que les actes de la partie de la baronnie de Beaufremont que possédèrent les Labbé, puis MM. de Luigné, et de Neuilly, devraient se retrouver à Bulgnéville et à Vrécourt. Quant aux minutes des actes des notaires de la famille d'Alençon, si elles n'ont pas été perdues, elles appartiennent à l'étude du notaire de Pompierre ou à l'une des études des notaires de Neufchâteau, chef-lieu de canton auquel a été rattaché Beaufremont.

ÉGLISE ET CURÉS DE BEAUFREMONT.

Une tradition que nous avons entendu bien des fois répéter par les plus anciennes personnes de Lemmecourt veut que l'église de ce village ait été autrefois l'église-mère de

(1) Ce sceau se compose de deux écussons accolés dont le premier porte : d'or à la tête de Maure au naturel, le second de sable à trois tourelles d'argent, deux en tête, la troisième en pointe, le tout surmonté d'une couronne de comte et supporté par deux sauvages.

Beaufremont ; ce qui est positif, c'est que les seigneurs de Beaufremont en conservèrent toujours le patronage immédiat.

Édifiée sous l'invocation de saint Epvre, évêque de Toul, elle pourrait très-bien remonter au temps voisin de l'invasion des Bourguignons et de leur conversion au christianisme, c'est-à-dire au Vᵉ siècle, et avoir été fondée par les ancêtres de ceux dont la première devise fut : « Dieu aide au premier chrétien. » Toutefois ce n'est là qu'une simple conjecture : le chœur, la partie la plus ancienne de cette église, ne remonte guère au delà du XVᵉ siècle, comme l'attestent la fenêtre ogivale contre laquelle est adossé l'autel, puis une petite ouverture en rosace défendue par deux barres de fer posées en croix, et pratiquée extérieurement à droite de cette fenêtre pour correspondre à une niche intérieure où, à certains jours, on exposait autrefois, le Saint-Sacrement à l'adoration des fidèles. Rien donc dans ce petit édifice n'indique l'antiquité à laquelle il faudrait remonter pour arriver à l'époque reculée que nous venons d'indiquer d'abord. Cette église, néanmoins, a pu être construite sur l'emplacement d'une plus ancienne, car un titre de l'abbaye de l'Étanche (1), de 1243, désigne très-distinctement « Thiébaut, prêtre de Beaufremont, et Huon, prêtre de Lembecort, » ce qu'il n'est pas possible de traduire autrement que par Thiébaut, curé de Beaufremont, et Huon, curé de Lemmecourt. Ce dernier village ayant alors un curé, avait aussi nécessairement un édifice consacré aux cérémonies du culte, une église.

Nous avons déjà eu occasion de citer, dans notre première partie, une note constatant que l'église de Beaufremont occupa d'abord une partie de la cour inférieure du château, et qu'elle y subsistait encore en 1440 ; ce n'est donc qu'après cette date qu'elle fut construite sur l'emplacement où elle existe aujourd'hui. Si elle eût été solidement bâtie, et à l'abri des outrages du temps et des dévastations des hommes de guerre, elle devrait nous rester intacte, mais il y a longtemps

(1) Archives de la préfecture des Vosges, H. 115.

que des reconstructions nécessaires sont venues lui enlever les caractères de son architecture primitive.

Comme la plupart de nos anciennes églises, l'église de Beaufremont avait la forme d'une croix latine (†) avec deux chapelles latérales, celle de droite dédiée à la Sainte-Vierge (1) et celle de gauche à Saint-Grat. Le style de cette église était assez irrégulier. Voûtée dans toute son étendue, elle avait des voûtes à arêtes, d'autres en plein cintre et d'autres à ogives peu élancées; deux fenêtres anciennes qui subsistent encore, sont géminées, et trilobées en ogives lancéolées à la partie supérieure.

Quatre piliers massifs existaient entre le chœur et la nef; ils soutenaient les voûtes de tous côtés, en même temps qu'ils supportaient la tour carrée du clocher terminée, immédiatement au-dessus du beffroi, par un toit à deux pans appelé vulgairement *chapeau de bœuf* (2).

Cette tour ayant été détruite, sans doute à l'époque de la dévastation du château, vers 1636, fut reconstruite sur le devant de l'église, au-dessus du portail, avec une partie des anciens matériaux, comme l'indiquaient les petites fenêtres romanes du beffroi et les pierres percées en meurtrières qui éclairaient l'intérieur.

L'ancien portail sur lequel cette tour fut reportée, avait une entrée assez remarquable, dont la partie extérieure, en ogive surbaissée, était supportée par des faisceaux de colonnettes géminées reposant sur des bases à figures symboliques (3).

En 1850, la nef de l'église ayant été reconstruite en entier, ce portail et la tour disparurent et furent remplacés par une nouvelle construction un peu massive, mais qui ne manquerait pas de grâce si un défaut de proportion ne

---

(1) Elle renfermait aussi les fonts baptismaux.

(2) Cette disposition se voit encore à Circourt, à Tilleux, à Certilleux, à Gendreville, à Médonville et à Landaville.

(3) La plupart de ces détails nous viennent de M. le curé de Beaufremont.

venait, un peu trop visiblement, déparer la tour que surmonte
une flèche assez élevée.

Les deux chapelles latérales sont aujourd'hui sur le même
plan que le chœur ; elles ont été ajoutées à l'église à différentes époques : celle du côté de l'évangile fut, comme
nous l'avons dit ailleurs, construite seulement vers 1820,
aux frais de Mme la marquise de Villers et on y reporta la
statue et l'autel dédié à Saint-Grat ; celle qui possède actuellement l'autel de la Sainte-Vierge était la chapelle des seigneurs ; jusqu'après la Révolution, un mur la séparait de
l'ancienne chapelle de la Sainte-Vierge. L'autel de cette chapelle seigneuriale fut consacré en 1628, en l'honneur de la
Sainte-Trinité, par Mgr Charles-Chrétien de Gournay, évêque
in partibus de Scythie, administrateur de l'évêché de Toul
aux lieu et place du prince-évêque Nicolas-François de Lorraine (1). Voici l'acte de cette consécration retrouvé en 1843,
sur un parchemin poudreux, dans le tombeau de cet autel,
par M. le curé de Beaufremont qui a bien voulu nous en
adresser une copie.

Anno Domini millesimo sexcentesimo vigesimo octavo, die 10º
octobris. Ego Carolus-Christianus de Gournay, Dei et S. Sedis Apos-
tolicæ gratiâ Episcopus Siticnsis, Episcopatus Tullensis in sacer-
dotibus et pontificalibus administrator, ab eadem sede deputatus,
consecravi altare hoc in honorem SS. Trinitatis et reliquias SS.
martyrum Bertharii et Athaleni in eo inclusi, et singulis X^i fide-
libus hodie, unum annum, et in die anniversario consecrationis
hoc ipsum visitantibus, 40 dies de vera indulgentia, in formâ
Ecclesiæ consuetâ concessi.

                    C. de GOURNAY,
          Ep. S S. administrator Diocesii Tullensi.

C'est devant cet autel que se voient les deux belles tombes
gothiques qui recouvrent le caveau des seigneurs. Nous re-

(1) On prétend que la pierre de cet autel, qui porte pour pour inscription
S. Hieronimi, vient d'une petite chapelle construite autrefois sur la
chaussée du grand étang et dédiée à saint Jérôme.

grettons vivement de ne pouvoir donner le dessin de ces pierres tumulaires bien dignes du talent de nos artistes, mais qui n'ont encore été reproduites ni par leur burin ni par leur crayon.

Plusieurs autres tombes servent de pavé au chœur et aux allées; elles n'ont rien de remarquable et les inscriptions qu'elles portaient autrefois sont devenues pour la plupart complétement illisibles. Celles du chœur paraissent recouvrir les sépultures des prêtres du lieu, tandis que sous les autres reposent de bons bourgeois des siècles passés.

L'église de Beaufremont a été consacrée sous l'invocation des apôtres Saint-Pierre et Saint-Paul que la paroisse reconnaît pour patrons. Un grand tableau posé derrière l'autel, représente ces deux apôtres avec leurs attributs.

Dès le XIIe siècle, le patronage de cette église fut transféré à l'abbé de Chaumousey par l'évêque de Toul, comme le prouve un titre latin du cartulaire de cette abbaye, dont voici la traduction libre (1) :

« *Teneur du privilège accordé aux paroisses des églises* » *de Beaufremont et de Tilleux* (Certilleux?)

» Au nom de la sainte et indivisible Trinité. Eudes, par » la patience de Dieu, évêque des Leuquois, a tous présents » et à venir, nous souhaitons l'heureux échange des biens » terrestres contre les biens célestes. Le devoir de notre charge

(1) *Tenor exemptionis parochialium ecclesiæ de Bouffromonte et de Tiliaco sequitur in hunc modum qui sequitur infra scriptum.*

In nomine sancte et individue Trinitatis. Odo Dei patienciâ Leucorum episcopus. Omnibus tam futuris quam presentibus celestia pro terrenis feliciter permutare, Quum nostri pastoratus suscepta sollicitudo nos admonet et vigilanter ortatur ut non solùm coràm Deo verùm etiam coram hominibus maxime ad domestios fedei caritate manum largitatis extendamus per presentem igitur paginam presentum noticie et postereum transmittimus. Quod nos onus paupertatis ecclesie Calmociacensis ad modicum sublevare cupientes intuitu divine caritatis preveniri capitulo Calmosiacensi ecclesias de Bouffromont et de Tilleux laude et assensu magistri

» pastorale nous pousse à répandre non-seulement en pré-
» sence de Dieu, mais aussi en présence des hommes, les
» libéralités spirituelles sur ceux qui sont soumis à notre
» juridiction. En conséquence, par le présent mandement,
» nous faisons savoir à tous présents et à venir, que dans
» notre désir d'alléger quelque peu le fardeau de pauvreté
» qui incombe à notre église de Chaumousey, nous avons,
» avec l'approbation et l'assentiment de maître Mathieu, ar-
» chidiacre des églises de Beaufremont et de Tilleux, sous-
» trait ces églises et toutes leurs dépendances à la juridiction
» de l'ordinaire, et nous leur accordons pour pasteur par-
» ticulier l'abbé Humbert, à qui nous donnons tous les
» pouvoirs de l'évêque et de l'archidiacre sur lesdites églises.
» Les prêtres que l'abbé de Chaumousey choisira pour des-
» servir ces églises en recevront le gouvernement de notre
» main et répondront devant nous de leurs actes illicites.
» L'abbé, sans opposition aucune, pourra instituer d'autres
» chapelains par la main de l'évêque. Et afin que cette

Mathei earumdem ecclesiarum archidiaconi cum omnibus pertinentiis suis
ab omni jùre synodorum et consiliorum expertes cum omni integritate
concessimus habendus et Humbertum abbatem tanquam proprium pastorem
prefatis ecclessiis de Bouffromont et de Tilleul canonico investivimus
nichil in eis juris episcopi vel archidiaconi retinentes. Sacerdotes quos
Abbas Calmociacensis ad deserviendum memoratis ecclesiis ydoneos ele-
gerit nobis ab ipso Abbate representanti curas ipsarum ecclesiarum de
manu nostro suscipient et nobis tantum de actionibus suis illicitis res-
pondebunt et Abbati Calmociacensi de capitalibus suis sipicis transmisse
fuerint Abbas sine aliqua contraditione si voluerit alios instituet per manum episcopi capellanos. Ut autem hec donatio legitime et canonice
ordinata. Rata et stabilior permaneat nostra sigilli impressione confirma-
vimus. Quicumque enim nostre confirmationis institutionem infringere
presumpserint perpetue subjaceat excomunicationis donec ad condignam
venerit satisfactionem. Actum anno incarnationis domini m° c° xc° vij°
datum Tulli per manum balti cancellarii vj halendas Aprilis. Testes. Ge-
rardus tessaururarius archidiaconus. Theodoricus Hamô archidiaconus.
Magister Matheus archidiaconus. Theodricus notarius. (*Extrait du cartulaire de l'abbaye de Chaumousey, conservé à la bibliothèque d'Epinal.
(Folio 51, recto.*)

» faveur légitimement et canoniquement accordée soit une
» chose ferme et stable, à toujours, nous avons fait apposer
» notre sceau sur ces présentes lettres.

» Que celui qui aura essayé de détruire notre ouvrage,
» soit excommunié de droit jusqu'à ce qu'il ait fait une sa-
» tisfaction convenable.

» Donné à Toul, par la main du grand chancelier, l'année
» de l'Incarnation 1197, le 6e des calendes d'avril. Témoins :
» Gérard, trésorier archidiacre, Théodoric Hamon archidiacre,
» maître Mathieu archidiacre, et Théodoric notaire. »

Les seigneurs de Beaufremont reconnurent les dispositions
de cet acte, car un autre titre de l'abbaye de Chaumousey
du mois de mars 1278, renferme une lettre de Liébaud de
Beaufremont, par laquelle le noble baron prie l'abbé de lui
nommer pour chapelain le *porteur* de cette lettre.

En 1596, la séparation des menses abbatiale et conven-
tuelle de Chaumousey ayant été faite, les religieux firent
reconnaître, par des commissaires envoyés sur les lieux, les
droits qui leur étaient échus. Dans le procès-verbal dressé
par ces commissaires, nous lisons : « Le même jour, quin-
» zième de novembre, au lieu de Boffroimont, même prise
» de possession de telle part de dixmage qui dépend audit
» lieu de ladite abbaye (1), signifiée au mayeur Nicolas
» Vautrin dudit lieu, en présence de Jacquot Guyot, Jean
» Gérard et Nicolas Crollot dudit Boffroimont. » Cette prise
de possession pour les religieux fut exécutée par le sacristain
de l'abbaye, Robert Clerc, ayant avec lui le tabellion Paris.

Comme curés primitifs, les abbés de Chaumousey perçu-
rent d'abord à Beaufremont les offrandes, mais il paraît que
peu à peu ils négligèrent ou perdirent ce droit et même
celui d'y envoyer des prêtres desservants, car dans les derniers
temps, l'évêque de Toul y institua constamment des séculiers.

Voici, à partir de 1649, la liste complète des curés qui se
sont succédé dans cette paroisse.

_____

(1) Ces dîmes ne nous semblent pas être différentes de celles auxquelles
avait droit le curé du lieu.

1649. Messire Claude Goncourt, décédé le 20 septembre 1655, inhumé dans le chœur de l'église.

Le curé d'Aulnois, messire Didier Moreau paraît avoir été chargé de l'administration de la paroisse pendant une partie des années 1655 et 1656.

1656 (25 septembre). Ch. Lallemand, curé de Beaufremont et Roncourt, disparaît en 1664.

1664. Charles Jacquin, prêtre et curé de Beaufremont et Roncourt, administrateur de la cure de Lemmecourt.

1666. Charles Voynier, *idem*.

1668. François Henry, *idem*.

1679. Claude Simon.

1686. Richard des Aubert. Ce prêtre mourut en 1719 et fut inhumé dans le chœur de l'église. Son épitaphe gravée sur un monument funéraire posé contre le mur de la chapelle Saint-Gral est ainsi conçue :

« Cy gist Richard des Aubert, prêtre, docteur en théologie, pro-
» tonotaire apostolique, chevalier du St-Empire, doyen de Chatenoy
» et curé de cette paroisse qu'il a gouvernée pendant 33 ans avec
» beaucoup de zèle, de prudence et de sagesse, décédé le 24
» may 1719, aagé de 69 ans, et qui a fondé dans cette église,
» 1° douze messes hautes avec les obsèques à la fin d'icelles qui
» se célébreront chaque premier mercredy de chacun mois de
» l'année, pour rétribution de quoy il a donné une constitution
» de 600 francs barrois, portant la rente annuelle de 30 francs ;
» 2° une messe touts les premiers jeudys de chaque mois à l'hon-
» neur du Très-Saint-Sacrement de l'autel, pourquoy il a donné
» une constitution de 400 francs barrois, portant la rente annuelle
» de 20 francs. Priez Dieu pour le repos de son âme. »

1719. Ch. Delle, exerça jusqu'en octobre 1733, et fut alors nommé curé de Domjulien. Il eut pour vicaire dans les derniers temps l'abbé Vosgien, chargé du service de la cure de Lemmecourt jusque vers la fin de 1735.

1734. D'Ogeron, ne fit pour ainsi dire que paraître dans la paroisse.

1735 (octobre). Joseph-Melchior Perrin, originaire de la Bresse, curé de Beaufremont et administrateur de Lemmecourt;

se démit de la cure de Beaufremont en 1748, mais continua à desservir Lemmecourt jusqu'au 2 décembre 1768, époque de sa mort. Il fut inhumé dans la chapelle de Saint-Grat.

1748 (août). Claude Abel, décédé le 2 mars 1767, âgé de 65 ans, inhumé dans le chœur de l'église (1).

1767. Charles-François Marchal, décédé confesseur de la foi en 1796. Il avait pour vicaire, l'abbé Étienne (Élophe). Pendant que ce vicaire trouvait un asile dans Chèvre-Roche, on vendait comme bien national un petit gagnage de deux paires et un bichet, mesure de Nancy, qu'il possédait à Autigny. M. Étienne devint, après le concordat, curé de Rouvre-la-Chétive où il est mort vénéré, vers 1830.

Joseph-François Bigeon, administrateur de la paroisse de Lemmecourt en 1768, la desservait comme curé l'année suivante. Il mourut subitement, le 7 septembre 1790, dans la maison presbytérale que la commune avait fait construire quelques années auparavant. Il eut pour successeur M. Baudot qui, après son retour de l'émigration, devint curé de Beaufremont et Lemmecourt, réunis en une seule paroisse (2).

M. Marchal et M. Baudot, curés légitimes de Beaufremont et de Lemmecourt, ayant refusé de reconnaître la constitution civile du clergé, on envoya, à leur place, des prêtres constitutionnels, avec un traitement généreux de 1,200 fr. dont ils jouirent probablement jusqu'à l'abolition complète du culte, en 1793. Ces prêtres constitutionnels furent à Beaufremont :

1794 (24 février). Jean-Baptiste Royer, frère cordelier de Mirecourt, n'exerça que peu de temps.

1794 (juin). François-René Marant, âgé de 32 ans, ci-

(1) Le 9 juillet 1753, était mort *en vrai prédestiné*, dans l'hermitage de la chapelle Saint-Antoine, où il résidait, Antoine Benier, âgé de 75 ans, natif de Martigny, garde de cette chapelle. (*Registres de la paroisse.*)

(2) Roncourt qui était resté l'annexe de Beaufremont, devint celle de Malaincourt, érigé en paroisse.

devant religieux des Augustins à Paris, n'exerça que pendant environ 4 mois (1).

1791 (fin d'octobre). Jean-Nicolas Jeannoël, curé de Vouxey en 1804. Quelques jours après son installation (31 octobre), une attestation des officiers municipaux de Beaufremont constatait qu'il avait donné exactement lecture des mandements de l'évêque diocésain. Le 26 août 1792, il était élu président d'une assemblée tenue dans l'église de Beaufremont. Pendant cette même année 1792, il desservait aussi Lemmeçourt « pour la vacance de la cure. »

Deux prêtres constitutionnels, l'un, dit le père Constant, et l'autre, M. Midenet (2), envoyés successivement dans cette petite commune, n'avaient pu trouver le moyen de s'y fixer.

Comme bien des habitants de Beaufremont et la généralité de ceux de Lemmecourt ne reconnurent jamais l'autorité du clergé schismatique, ils recherchèrent toujours les moyens de faire administrer les Sacrements dans leurs familles par des prêtres catholiques. Plusieurs feuilles détachées des registres de Beaufremont et de Lemmecourt attestent ce fait; elles portent au bas des actes qu'elles contiennent les signatures de MM. Jean Passetemps, prêtre catholique, mort curé de Fontenoy-le-Château; F. Victorin, prêtre catholique capucin, depuis curé de Rainville; Dominique Girot, son frère, dit le père Sigisbert, prêtre desservant Lemmecourt, en 1791, et après la Révolution, curé de Houécourt, puis curé de Châtenois, qui tous trouvèrent dans les temps de persécution, et à différentes reprises, un asile à Chèvre-Roche, en compagnie de plusieurs autres prêtres, et en particulier de M. l'abbé Étienne dont nous avons déjà parlé, et de M. Beurlot, curé d'Aulnois.

1802. Baudot, natif d'Aingeville, curé de Lemmecourt, dès 1790, administra provisoirement la cure de Beaufremont,

(1) Figurait dans une assemblée des notables réunis dans l'église de Beaufremont le 24 juin 1791.

(2) Curé d'Harmonville et d'Autreville après la Révolution.

depuis le 11 mars 1802 jusqu'au 20 février 1803, époque
à laquelle il fut nommé curé de la paroisse formée de la
réunion des deux communes. En 1824, il fut choisi pour
être l'un des chanoines titulaires de la cathédrale de Saint-
Dié, et il mourut dans cette ville quelques années après.
M. Baudot fut un de ces prêtres dont les pauvres connaissent
la voix et les bienfaits, et dont chacun garde un souvenir
respectueux.

1824 (juin). M. Morel, curé de Médonville en 1835, exerce
encore aujourd'hui son ministère dans cette dernière paroisse.

1835 (14 juillet). Antoine Mourot, notre bienveillant colla-
borateur : s'est attaché à la paroisse et y jouit d'une affection
justement méritée. Depuis deux ans, son neveu M. l'abbé
Hippolyte Mourot, le seconde dans l'exercice de ses fonctions.

ADDITIONS ET RECTIFICATIONS.

Dans l'intervalle de l'impression des trois parties de cet
Essai historique, pour la composition duquel il a fallu puiser
à tant de sources, on conçoit que des faits importants aient
pu être retrouvés, que les traditions en aient fait découvrir
d'autres, et qu'une inspection plus attentive des monuments
ait donné lieu à quelques rectifications. C'est ce qui fait l'objet
des notes suivantes.

Antiquités.

Aux divers points que nous avons déjà indiqués comme
ayant été occupés par les Romains, nous en ajouterons de
nouveaux qui nous ont été désignés ou que nous avons nous-
même reconnus.

A environ deux cents mètres au-dessus du chemin qui va
de Beaufremont à Lemmecourt, à la limite des territoires
des deux communes, sur la montagne, au lieu dit la *Guer-
gesse*, voisin d'un autre lieu dit *Devant-la-Roppe*, dans
un champ situé entre deux murs-haies, toutefois sur une

étendue restreinte de quelques arcs seulement, le sol est
couvert de débris de tuiles à rebords, très-épaisses pour la
plupart. En voyant ces tuiles, on pourrait avoir l'idée de
l'établissement d'un camp romain sur cette hauteur, mais
rien n'indique les limites de ce camp. Peut-être n'y avait-il
qu'un édifice isolé pour protéger au besoin les constructions
du Temple, qui de là se découvraient très-bien, ou pour
servir de poste avancé à des troupes qui se seraient établies
momentanément, de temps à autre, dans les environs. On
nous a affirmé avoir trouvé autrefois des monnaies romaines à
un kilomètre à peu près de cet emplacement, dans les chenevières qui avoisinent les dernières maisons du hameau situé
au nord du château de Beaufremont. Les Romains connurent
donc notre montagne, et il y a tout lieu de supposer qu'ils
en firent une de leurs positions défensives.

Les autres emplacements nouveaux que nous signalerons
comme indiquant, par la présence de tuiles à rebords, une
occupation romaine, sont : au Rain-Fossés, en un lieu appelé
le Temple (1), sous les vignes, entre Malaincourt et Médonville; au bois du Soc, sur le territoire de cette dernière
commune; entre ce territoire et celui de Gendreville, au sud
de ce dernier village; et enfin sur le territoire de Jainvillotte,
vers l'extrémité supérieure de la petite vallée de Grandfontaine,
en un lieu dit le Château-Renaud. Ces dernières indications,
jointes à celles que nous avons déjà données, prouvent que
les Gallo-Romains s'établirent et séjournèrent dans toute l'é-
tendue de la baronnie de Beaufremont. Ce qui nous surprend,
c'est que jusqu'à ce jour l'on n'y connaisse aucune statue
de leurs divinités.

Famille de Bauffremont.

Sur la fin du XII⁼ siècle, Liébaud II, seigneur de Beaufremont, fit à l'abbaye de Mureau une donation impor-

---

(1) Cette localité nous a été indiquée comme paraissant avoir une certaine
importance par les trouvailles qui déjà y auraient été faites.

tante de biens qu'il possédait à Orquevaux (Haute-Marne)
et en plusieurs autres localités. Le titre de cette donation
conservé dans le cartulaire de l'abbaye nous fait connaître
que la mère et l'épouse de ce seigneur se nommaient Havyde
ou Helvide ; qu'il eut deux frères, Huard et Milon, et trois
sœurs, Agnès, Havyde et Hersende, dont l'une fut mariée
à Philippe de Tilleul et l'autre à Thierry de Louvence. Voici
d'ailleurs la traduction de ce titre :

« *Le seigneur de Beaufremont confère à l'abbaye de
Mureau les vignes de Savone, le moulin de Longort
et l'usufruit des bois et pâturages, avec une partie
du moulin d'Orquevaux* » (1).

« Comme, avec les différentes vicissitudes des temps et des choses
temporelles, les intentions et les volontés des hommes varient et

(1) *Dominus de Beffromont confert Mirævalli vineas de Savoneres,
molendinum de Longort, usum nemorum et pasturas ac partem molendinum in Orcaval.*

Quoniam juxta varias temporum vicissitudines et rerum temporalium
permutationes hominum corda et voluntates variantur et subito per-
mutantur, utile et valde necessarium est paci et maxime veritati in-
vigilantibus eleemosynas, quas ecclesiis et Deo famulantibus conferunt,
bonorum virorum attestatione firmare, et sigilli solemni scripti impressione memoriæ in postremum commendare. Ea propter ego Lebaudus Dominus de Befroimont notum facio tam futuris quam presentibus quoniam
contuli ecclesiæ sanctæ Mariæ de Mirualt pro remedio animæ matris meæ
Havidys et predecessorum meorum partem vinearum de Savoneres, et
quod habebam in molendino de Longort, usum etiam nemorum jam dicti
molendini territorio adjacentium, ad ipsum faciendum et reficiendum.
Et pasturas in villa quæ dicitur Orcaval, et hoc laude et assensu fratrum
meorum Huardi videlicet et Mylonis, et sororum mearum Agnetis, Ha-
vydis et Hersendis, et maritorum earum Philippi de Tillol, et Theodorici
de Luvenci. Præterea sciendum est quod in jam dicta villa Orcaval contuli
præmemoratæ ecclesiæ Mirualt et fratribus ibidem Deo famulantibus pro
remedio animæ fratris mei Huardi, laude et assensu uxoris meæ Helvydis,

subissent de prompts changements, il est utile et nécessaire à la
paix et à la vérité d'affirmer par le témoignage d'hommes probes
les dons faits aux églises et aux serviteurs de Dieu, et d'en trans-
mettre le souvenir à la postérité par un acte revêtu d'un sceau
officiel. C'est pourquoi moi, Liébaud de Beaufremont, je fais savoir
à tous présents et à venir, que j'ai conféré à l'église Sainte-Marie
de Mureaux, pour le repos de l'âme de ma mère Havyde, et de
mes prédécesseurs, une partie des vignes de Savone et ma part
du moulin de Longort, ainsi que l'usufruit des bois dépendant du
territoire dudit moulin, à charge de l'entretenir, de même que
les pâturages du village d'Orcaval. Et cela avec l'approbation et
du consentement de mes frères Huard et Mylon, et de mes sœurs
Agnès, Havyde et Hersende, et de leurs maris, Philippe de Tilleul
et Thiéry de Louvence. Il faut savoir en outre qu'au même village
d'Orcaval, j'ai conféré à l'église et aux frères dudit Mureau, pour
le repos de l'âme de mon frère Huard, du consentement de mon
épouse Havyde, de mon frère Milon et de tous mes héritiers,
ma part dans tous les moulins de quelque nature qu'ils soient,
moulant, battant et foulant avec leurs revenus. En foi de quoi sont
présents Garin, abbé de Saint-Evre, Humbert, abbé de Chaumousey (1),
Etienne, abbé de Clairlieu, les prêtres Hugo, chapelain du duc,
Gautier de Rouvre, Etienne de Tilleul, Rodolphe de Beaufremont,

et fratris mei Milonis et omnium hæredum meorum, partem omnis ge-
neris molendinorum tam molentium quàm batantium et fulentium cum
reditibus eorum. Hujus rei testes sunt Garinus tunc abbas sancti Apri,
Hubertus abbas de Chamosey, Stephamus abbas Clari-Loci, Sacerdotes
Hugo capellanus Ducis, Gauterus de Roure, Stephanus de Tillol, Ra-
dulphus de Befroimont, Milites Gillebertus et frater ejus Garinus de Dommartin, Hugo de Besenches, Hugo de Hargnerville, Ledoycus de Autegne.
Ut autem donum ratum et inconvulsum permaneat sigilli mei impressione
communis. Datum per copiam sub sigillo curiæ Tullensis anno Domini
millesimo trecentesimo sexagesimo septimo die septima mensis decembris.
(*Titre extrait du cartulaire de l'abbaye de Mureau. Archives de la
préfecture des Vosges. H. 21, vol. 2e, pièce 216, page 536, recto
et 537 verso*).

(1) Hubert ou Humbert fut abbé de Chaumousey de 1195 à 1197.

les hommes d'armes, Gilbert et son frère Garin de Dommartin, Hugo de Bazoilles, Hugo d'Hagnéville, Louis d'Autigny. Et pour que ce soit chose stable et durable à toujours, j'y ai apposé mon sceau.

» Donné pour copie à la cure de Toul, l'an 1367, le 7 décembre. »

La veuve de Pierre Ier, baron de Beaufremont, Agnès, fille de Guillaume de Vergy, sénéchal de Bourgogne, et de Clémence de Fonvens, épousa en secondes noces, non pas Henri, mais Ulric Ier, comte de Ferrette « par la grâce de Dieu. » Agnès, après un second mariage, se qualifiait comtesse de Ferrette et dame de Biaffroymont. Nous avons d'elle un acte qui prouve que, dès son temps, Urville dépendait de la baronnie de Beaufremont, ce qui indiquerait que la vente faite, en 1399, par Jeanne de Ribeaupierre à Philibert de Beaufremont, ne concernait qu'une partie de cette terre. Cet acte que nous avons extrait du cartulaire de l'abbaye de Mureau (volume 2, pièce 452, page 454), est ainsi conçu :

« Agnès, comtesse de Ferrette, quitte aux religieux de Mureau les dîmes de Gendreville et d'Aiwruille (Urville.)

» Je Agnès comtesse de Ferrettes fas conossant à tous ceaus qui ce lettres verront et orront que tel pais com me sires Huars de Baffroimont a fait de par moi envers l'Abé et le covent de Mirouaut de l'ordre de Prémonstré debatens qui estoit entre moi et aus de dîmes de Gendreville et de Aiwruile et des arages de cele Aiwruile et de chatex que nous desiens que il i avoient pris outre fort, nou la créantons je et me fis Liébaus et les acquitons de tous le chatex qu'il i ont levé et tel créante de sexante et dix livres de fors et de rendors, ensi com il est escrit en lettres saélées dou scel de la comeune dou Neufchatel que me sires Huars dis en ai fait; nous, cete à savoir je et me davant dis fis, l'otrions et volons et prometons en léauté que jamais encontre ne venrons.

» Et en tesmoingnage de cete chose ai je mis mon séel, et par requète de mon davant fis, à ces présentes letres que furent faites en l'an que li miliaires corroit par mil et dous cens et cinquante-quatre ans, en mois de febvrier. »

★

Agnès de Vergy mourut avant 1271, car en cette année, son fils, Liébaud III de Beaufremont, donnant une charte à l'abbaye de Saint-Évre-lès-Toul, se qualifie : « Libaldus, Dominus de Biaffroimont, miles, filius Agnetis, quondam comitisse Ferretensis. »

Comtes d'Arberg-Valengin.

On lit dans le *Simple crayon de Lorraine*, armorial publié en 1674 par Mathieu Husson : « Yolande, duchesse » de Lorraine, s'était emparée de la terre de Baffromont » et du revenu, et y avait envoyé Gérard d'Avillers, » croyant la garder, mais le comte Claude d'Arberg leva » des trouppes en Suisse, et à l'aide de ses parents et » alliés, entra dans le pays lorrain, prit et brûla Châ- » tillon, pendant quoy ladite duchesse estant décédée, le roy » René son fils fit rendre ladite terre. »

En 1859, on a trouvé à **Neufchâteau** (maison Fabre, faubourg des Vieux-Bordets, en face du couvent des dominicaines) un groupe sculpté sur pierre représentant la Trinité. Dieu le père, assis sur un trône, a sur la tête une couronne et sur les épaules une large chappe ; il tient, dans ses mains, un christ en croix et, de sa bouche, sort une colombe (le Saint-Esprit), qui descend sur la tête du fils ; à ses pieds est un écusson écartelé au 1er et 4e de gueules au pal d'or, chargé de trois chevrons de sable qui est d'Arberg-Valengin, au 2e et 3e de Beaufremont, armoiries qui sont évidemment celles de Claude d'Arberg. Nous regrettons, en signalant l'existence de cette sculpture, de ne pouvoir formuler aucune conjecture sur son origine. Il serait possible cependant que pendant les guerres du XVIIe siècle, elle eût été enlevée à la chapelle seigneuriale de Beaufremont, dédiée à la Sainte-Trinité.

Comtes de Chalant et de Madruce.

Louis, comte de Chalant, père de Philibert de Chalant, eut pour épouse Marguerite de la Chambre, issue de l'une des plus illustres maisons de Savoie.

Dans notre seconde partie, la piété bien reconnue de Claude d'Arberg nous avait fait attribuer à ce seigneur la croix érigée au centre du village de Beaufremont et celle qui existe devant le portail de l'église de Gendreville, mais au-dessous des ornements sculptés sur le fût de cette dernière, est un écusson parti d'Arberg-Beaufremont et de Chalant ; c'est donc à la pieuse générosité du gendre de Claude d'Arberg, Philibert de Chalant, et à celle de sa fille, Louise d'Arberg, que l'on est redevable de ces belles croix pour la conservation desquelles on ne peut prendre trop de précautions.

Dans son armorial, Mathieu-Husson dit que Nicolas de Madruce, comte d'Ave, eut pour fils Jean-Frédéric de Madruce, comte d'Ave et d'Arberg, baron de Beaufremont. Ce seigneur serait ainsi le neveu du premier cardinal de Trente, le frère du second et l'oncle du troisième.

D'après ce même ouvrage, Beaufremont « porte *vairé d'or et de gueules,* » mais non contre-vairé, comme nous l'avons imprimé d'abord par erreur.

Chalant « porte : *d'argent au chef de gueulle, à la cottice de sable brochant sur le tout, brisée en chef d'une estoille d'or.* » La maison de Chalant avait pour devise : « *Tout est et n'est rien.* »

Madruce « porte : *bandé d'argent et d'azur de six pièces, escartelé de sable, à une montagne d'argent, chargé d'un chevron de gueulle, sur le tout de gueulle au gonfanon d'or.* » (C'est plutôt : *sur le tout d'or à un gonfanon de trois pièces de gueule,* comme l'indique *l'Armorial de la Toison d'or.*)

Comtes de Tornielle.

Sur la fin du 16e siècle, la prévôté de Châtenois, avec la jouissance et l'exercice de tous les droits de haute, moyenne et basse justice qui en dépendaient, resta engagée pendant quelques années au comte Charles-Emmanuel de Tornielle. Un règlement pour l'exercice de ces droits fut donné par le duc Charles III, le 7 mars 1594 (1). La cession momentanée de cette importante prévôté, par le prince lorrain, était évidemment une reconnaissance de la dette qu'il avait contractée envers le comte de Tornielle lorsque ce baron de Beaufremont, pour lui venir en aide, vendit ses propriétés patrimoniales, et lui fit le prêt considérable de 46,500 écus d'or.

Biens nationaux.

Outre les biens ecclésiastiques dont nous avons donné la liste à l'article de Médonville, il existait encore, sur le territoire de cette commune, sous le bois du Mont, un ermitage dédié à Notre-Dame de Lorette. Il avait été fondé en 1682, par François Aymé, écuyer, lieutenant-colonel du régiment d'Épinal, l'un des braves défenseurs de la Mothe, au siège de 1645, anobli le 4 novembre 1651, par le duc Charles IV (2). « Voulant se retirer du monde, il bâtit une

(1) Voir ce Règlement dans le *Dictionnaire des ordonnances de Lorraine*, par Rogéville, supplément au tome 1er, p. 79 et suivantes.

(2) Les lettres de noblesse de François Aymé, ou Esmez furent entérinées au parlement de Lorraine, séant à Luxembourg, le 21 novembre 1651. Porte : d'azur à l'épée flamboyante d'argent, mise en pal, surmontée de trois étoiles d'or mises de rang.

La famille Aymé est aujourd'hui très-dignement représentée par un ancien magistrat, M. Jules-Gabriel Aymé, officier de la Légion d'honneur, député des Vosges au Corps législatif, président du Conseil général de notre département et président du Comice agricole de l'arrondissement de Neufchâteau.

chapelle et une maison, pour l'occuper le reste de sa vie, et pour être habitée, après sa mort, par deux frères ermites dont il réservait la nomination à sa famille. »

En 1760, cet ermitage, offert par l'un des descendants du fondateur, M. François Aymé, écuyer, seigneur de la Herlière, à la congrégation de Saint-Jean-Baptiste d'Archettes, fut accepté par cette congrégation à la condition que ses ermites seuls y seraient admis à l'avenir. Le frère Male, l'un des deux ermites de Saint-Charles, y fut envoyé et y fit immédiatement des réparations devenues urgentes ; bientôt même, il sollicita et obtint la bénédiction de la chapelle. L'acte de cette cérémonie religieuse, extrait des registres de la commune de Médonville, est ainsi conçu :

« Le vingt-cinq de juin de l'an mil sept cent soixante-cinq, en
» vertu de la permission accordée le sept may de même année
» par Mr Drouas, vicaire général du diocèse de Toul, au frère
» Male, hermite de la congrégation de Saint-Jean-Baptiste, qui a
» réédifié, à la plus grande gloire de Dieu, la chapelle de Notre-
» Dame de Lorette, située sur le territoire de Médonville, la dite
» chapelle cy-devant bâtie et dédiée avec ses dépendances par
» M. François Aymez, écuyer et lieutenant-colonel, je soussigné
» prêtre et curé de Médonville et Malaincourt, ai fait la bénédiction
» de la dite chapelle, et ai offert le Saint-Sacrifice de la messe en
» ycelle chapelle, en présence de M. François Aymez, écuyer,
» seigneur de la Herlière, patron de ladite chapelle, de M. Charles
» Marchal, prêtre, vicaire de Malaincourt, et dudit frère Male,
» hermite, témoins soussignés.

» Signé : F. Marchal, prêtre, curé de Médonville,
» Aymez de la Herlière, frère Male. »

Outre la chapelle, l'ermitage, parfaitement situé, possédait un petit potager, une vigne d'environ un demi-jour et, à droite et à gauche des bâtiments, une espèce d'enclos planté d'arbres fruitiers.

Le 22 brumaire an 5 (13 novembre 1796), l'ermitage de Notre-Dame de Lorette-du-Mont, déclaré propriété nationale, fut vendu, avec ses dépendances, pour le prix de 948 francs. Aujourd'hui, on en connaît à peine l'emplacement. Veuve de ces humbles anachorètes, la paisible retraite que s'était choisie l'un des plus fidèles guerriers de Charles IV disparut alors, en même temps que l'ermitage de Saint-Charles, dont nous avons parlé ailleurs, et celui de Saint-Antoine, situé à Beaufremont, sous le bois de la Roche.

On attribuait à l'eau des fontaines des ermitages de Saint-Charles et de Saint-Antoine, la vertu de guérir les fièvres fréquentes dans nos villages tant que subsistèrent les étangs de Beaufremont et de Lemmecourt. Comme l'eau de ces sources est extrêmement pure, elle a conservé une autre propriété bien plus évidente, celle de désaltérer nos ouvriers et surtout nos moissonneurs au moment des travaux de la campagne.

Arrivé à la fin de notre travail dont le but était surtout de restituer, à un village aujourd'hui ignoré et délaissé, une partie de l'illustration qu'il reçut de la famille distinguée à laquelle il donna son nom, qu'il nous soit permis de rendre un dernier hommage à la mémoire de l'un des plus respectables descendants de cette famille et de consacrer encore une page à la génération qui doit la perpétuer.

En achevant la première partie de ce travail et en commençant la seconde, nous énumérions avec orgueil les titres du prince que la Providence conservait à la tête de l'illustre maison de Bauffremont. Ce brave de la Grande-Armée, l'un des héros de la Moskova et de Dresde, a subi le sort de la plupart des guerriers qu'il eut pour compagnons de gloire. Le 10 mars dernier, la mort qui l'avait épargné sur les champs de bataille, l'enlevait au milieu des siens, à l'affection d'une épouse et de deux fils dignes de lui, d'une belle-sœur, de neveux, de parents, d'amis et de serviteurs qui tous portent le deuil de celui qui fut un excellent père, un ami obligeant et dévoué, un protecteur toujours généreux.

Alphonse-Charles-Jean, duc de Bauffremont, prince du Saint-Empire, ancien colonel de cavalerie, sénateur, chevalier de Saint-Louis et commandeur de l'ordre impérial de la Légion d'honneur, né à Madrid le 5 février 1792, était le fils aîné d'*Alexandre*-Emmanuel-Louis duc de Bauffremont, prince du Saint-Empire et pair de France, et de Marie-Antoinette-Rosalie-Pauline de Quélen de la Vauguyon, fille du duc de la Vauguyon, pair de France; il avait épousé, le 15 juin 1822, *Catherine*-Isabelle, princesse de Paterno-Moncade, de l'ancienne et illustre race des princes de Moncade, vice-rois de Sicile.

Nous n'essayerons pas de donner la biographie de ce noble descendant de nos anciens barons : un homme de bien qui vécut dans son intimité s'est chargé de nous la faire connaître; bornons-nous donc à dire que ses derniers moments furent le fidèle et édifiant écho d'une belle vie.

Comme toute sa famille, il avait pour ses aïeux une vénération filiale : plusieurs fois, il vint à Beaufremont visiter les ruines de leur antique manoir et prier sur les tombes qui recouvrent leurs cendres : il avait même exprimé le désir que ses restes mortels reposassent à côté des leurs.

Ignoré de nos compatriotes, il leur resta toujours étranger, cependant, il avait pour eux une grande sympathie, et si l'occasion se fut présentée de leur être utile, nul ne l'aurait saisie avec plus d'empressement. Déposons donc un souvenir profondément respectueux sur la tombe de ce noble chevalier, et que sa mémoire, comme celle de ses ancêtres, reste toujours en honneur parmi nous.

Les deux fils que M. le sénateur, prince et duc de Bauffremont, a eus de son mariage avec la princessse de Paterno-Moncade sont : *Roger*-Alexandre-Jean, prince de Bauffremont, né le 29 juillet 1823, chef actuel de sa maison, marié le 28 octobre 1852 à *Laure* née Leroux, et *Paul*-Antoine-Charles-Jean, prince de Beauffremont, né le 11 décembre 1827, aide-de-camp de S. E. M. le Ministre de la Guerre.

Il avait un frère puîné, *Théodore*-Paul-Alexandre-Démétrius, prince de Bauffremont-Courtenay, qui, né à Madrid le 23 décembre 1793, suivit aussi avec succès la carrière militaire : il est mort le 22 janvier 1853. Il avait épousé, en 1819, Anne-Elisabeth-*Laurence* de Montmorency, sœur de M. le duc de Montmorency, digne héritière d'un nom glorieux dans les fastes de la France. Le prince Théodore et son épouse ont formé une branche cadette de la maison de Bauffremont qui, en 1825, obtint l'autorisation d'ajouter à son nom celui de Courtenay, comme descendant, par Louis-Benigne de Bauffremont et Hélène de Courtenay, de Robert de Courtenay, 7e fils de Louis-le-Gros, roi de France. De leur mariage sont issus :

1° Anne-Antoine-*Gontran*, prince de Bauffremont-Courtenay, chef actuel de la ligne cadette de la maison de Bauffremont, né le 16 juillet 1822, marié le 4 juillet 1842 à *Noémie* d'Aubusson de la Feuillade, fille du comte d'Aubusson et de Blanche de Boissy, dont il a deux fils : Pierre-Léopold-Laurent-*Eugène*, né le 6 septembre 1843, et *Pierre*-Laurent-Alphonse-Augustin, né le 18 février 1858, et une fille, Anne-Laurence-Marie-Blanche-*Marguerite*, née le 3 avril 1850.

2° Elisabeth-Antoinette-Félicie, princesse de Bauffremont-Courtenay, né le 13 juillet 1820, mariée à Louis de Gontaut-Biron.

La branche aînée de la famille de Bauffremont continue à habiter l'ancien château de Scey-sur-Saône ; la branche cadette s'est fixée au château de Brienne.

Nous ne quitterons pas nos lecteurs sans réclamer de nouveau leur indulgence : nous comprenons combien elle nous est nécessaire pour tout notre travail, mais surtout pour cette troisième partie qui, par la nature même de bien des choses qui y sont traitées et par le défaut de documents historiques, sera loin de présenter, ailleurs qu'à Beaufremont et aux environs, le même intérêt que les deux autres.

FIN

Épinal, vᵉ Gley, Imp.

www.ingramcontent.com/pod-product-compliance
Lightning Source LLC
Chambersburg PA
CBHW071809090426
42737CB00012B/2008